望郷

二つの国
二つの愛に生きて

蜂谷彌三郎

致知出版社

望郷——二つの国　二つの愛に生きて＊目次

第二章 運命の激流 スパイの汚名を着せられて

第三章　望郷の思い　シベリアおろしの夜は更けて

装幀――フロッグキングスタジオ
編集協力――柏木　孝之

プロローグ——すべてはこうして始まった

クラウディア、別れの詩

五十一年間のソ連抑留《よくりゅう》生活から解放されて、私が祖国日本に戻ってきたのは一九九七（平成九）年三月二十四日のことでした。そして、五十一年の間、私の帰りを待ち続けていてくれた妻の久子と、一人娘の久美子との再会を果たしたのです。それからずいぶん長い歳月が過ぎました。帰国当初はまるで浦島太郎の気分であった私も、少しずつ今日の日本の風景に慣れていきました。しかし、いくら日本に慣れたとはいっても、あのソ連に抑留されていた苦難の時代を忘れることは決してありません。

私の手元には今でも大切にしている一枚の風景写真があります。かの地で知り合い、三十七年もの間、日本人スパイというぬれぎぬを着せられた私を守り通してくれたロシア人女性クラウディアが、日本に帰国する私の荷物の中にそっと忍び込ませた写真です。それは、ある冬の日、勤めから帰ってくるクラウディアと、私たちが住んでいたプーシキン横通りの近くで出逢ったときに、たまたま持っていたカメラで撮った写真です。クラウディアがこの写真を私に持たせたのは、それが特に彼女のお気に入りの写真だったからでしょう。

その写真の裏には、一編の詩が綴《つづ》られています。死ぬまでロシアで一緒に、という気持ちでいた私を、日本で半世紀も私の帰りを待ち続けていた妻のもとに送り返すにあたってクラウディアが書いた別れの詩です。

この写真を手にとり、その詩を読み返すたび、私の脳裏《のうり》にはソ連での五十一年の日々が走馬灯《そうまとう》のように蘇《よみがえ》ってくるのです。

クラウディアが荷物に忍び込ませた写真

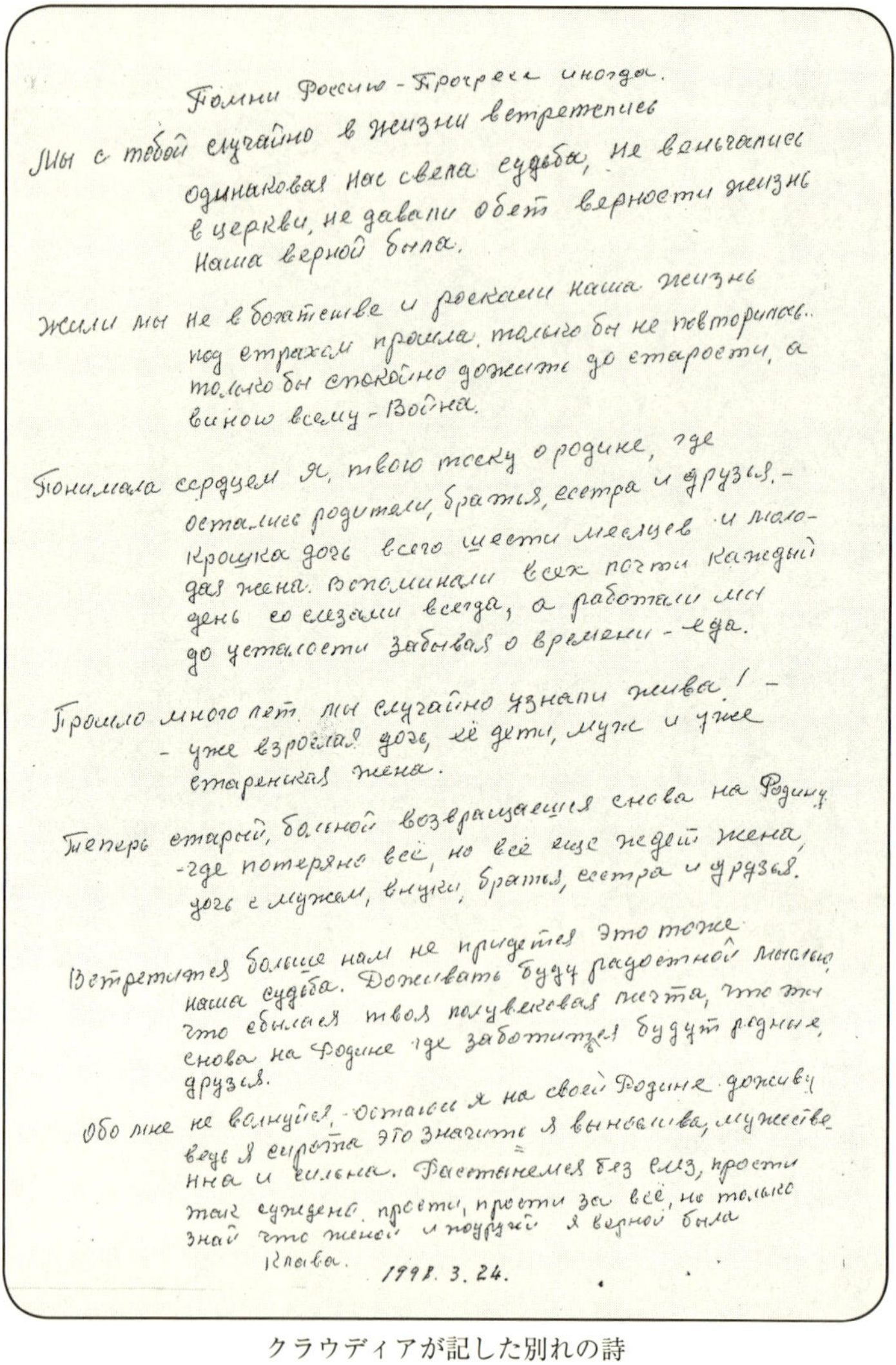

Помни Россию - Прощай иногда.

Мы с тобой случайно в жизни встретились
одинаковая нас свела судьба, не венчались
в церкви, не давали обет верности жизнь
наша верной была.

Жили мы не в богатстве и роскоши наша жизнь
под страхом прошла. только бы не повторилось..
только бы спокойно дожить до старости, а
виною всему - Война.

Понимала сердцем я, твою тоску о родине, где
остались родители, братья, сестра и друзья. -
крошка дочь всего шести месяцев · и моло-
дая жена. вспоминали всех почти каждый
день со слезами всегда, а работали мы
до усталости забывая о времени - еда.

Прошло много лет. мы случайно узнали жива! -
- уже взрослая дочь, её дети, муж и уже
старенькая жена.

Теперь старый, больной возвращаешься снова на Родину
-где потеряно всё, но всё еще ждет жена,
дочь с мужем, внуки, братья, сестра и друзья.

Встретится больше нам не придется это тоже
наша судьба. Доживать будут радостной мыслью,
что сбылася твоя полувековая мечта, что ты
снова на Родине где заботиться будут родные,
друзья.

Обо мне не волнуйся, - останусь я на своей Родине доживу
ведь я сирота это значит я вынослива, мужестве-
нна и сильна. Расстанемся без слез, прости
так суждено. прости, прости за всё, но только
знай что женой и подругой я верной была
Клава.
1998. 3. 24.

クラウディアが記した別れの詩

＊

ときどき、思い出してください。

ロシアを、プログレス村を……。


私たちは、思いもよらない人生での出逢いをしました。

似通った運命が私たちを引き寄せたのでした。

教会で結婚式を挙げずとも、誠実の誓いを行わずとも、私たちの人生は誠実で、そして神聖でした。

私たちの暮らしは、決して裕福でも贅沢《ぜいたく》でもありませんでした。

私たちの人生は、常に恐怖のもとで過ぎていったのでした。

どうか、あんな疑いが二度と繰り返されないように。

どうか、年老《お》うるまで安らかに生き永《なが》らえますようにと、長い間、朝夕、祈っていたのでした。

一切の責任は戦争にあるのです。


私は、心からあなたを理解しておりました。

ご両親や弟妹、たった生後一年あまりで別れた娘さんや奥さんがいる祖国を、恋しく思うあなたの心のうちを……。

私たちは、こまごまとしたそのすべてを思い浮かべて、涙とともにいつも思い出話は尽きませんでした。

食事の時間も忘れて身を砕《くだ》くようにして、ただ一心不乱に働きましたね。


そして、長い年月が流れました。

私たちはようやく、その人たちが健在であることを知ったのでした。

娘さんやお孫さんたち、それに年老いた奥さんが一途《いちず》にあなたの帰りを待ち焦《こ》がれていることを……。

今、年老いたあなたが多くの病を抱えて、一切が失われたようだった祖国へやっと帰っていくのです。

奥さんや娘さん、お孫さんたち、弟妹、友人たちが待っている祖国へと……。

もはや私たちは、再び会うことはないでしょう。

これも私たちの運命なのです。

他人の不幸の上に私だけの幸福を築き上げることは、私にはどうしてもできません。

あなたが再び肉親の愛情に包まれて、祖国にいるという嬉《うれ》しい思いで、私は生きていきます。

私のことは心配しないでください。

私は自分の祖国に残って生きていきます。

私は孤児《こじ》です。

ですから、私は忍耐強く、勇敢《ゆうかん》に生きていきます。

私たちは、このように運命づけられていたのでした。

三十七年あまりの年月をあなたと共に暮らせたこと、捧げた愛が無駄ではなかったこと、私はこの喜びで生きていきます。

涙を見せずに、お別れしましょう。

過去において、もし私に何か不十分なことがあったとしても、あなたは一切を許してくださると思います。

あなただけは、この私を理解してくださると信じています。

私が誠実な妻であり、心からの友であったことを……。

あなたたちの限りない幸せと長寿を、心から祈り続けることをお許しください。

一九九七年　三月二十一日

クラウディアより

親愛なる彌三郎さんへ

＊

未帰還者《みきかんしゃ》である私を半世紀以上も待ち続けている妻久子の存在を知ったクラウディアは、「他人の不幸の上に自分だけの幸せを築くのは人道上許されるものではなく、私にはそんなことは決してできません」と言いました。そして、高血圧の治療のために入退院を繰り返していたにもかかわらず、私が帰還するために必要な書類を準備したり、関係官庁への問い合わせをするなどして駆け回ってくれました。昼夜兼行でハバロフスクの駐在日本領事館へ二度も行き、一日でも早く帰国が実現するように嘆願《たんがん》しました。それは、もし自分の病気が悪化すれば、私が彼女を見捨てて帰国をするようなまねはできなくなるだろうと憂慮《ゆうりょ》したからにほかなりません。帰国の日、笑顔を見せて見送ってくれたクラウディア。あのときの笑顔を私は忘れることがありません。

これから私はお話ししたいと思うのです。

なぜ私がソ連に連れ去られ、五十一年も抑留されることになったのか。そして、どのようにしてクラウディアと出逢い、過ごし、今日を迎えるに至ったのか。

そのすべてについて……。

敗戦の地獄絵図

それは思いもかけない出来事でした。一九四六（昭和二十一）年の夏のある日、私と妻、そして生まれたばかりの娘と住む部屋に突然やってきたソ連軍兵士に私は連行されてしまったのです。なぜそんなことになったのか。ことの起こりは日本の敗戦にまでさかのぼります。

前年の八月十五日、日本は終戦を迎えました。そのとき私は当時の「ヘイジョウ（平壌）」、現在のピョンヤンの中央部を流れるテドン河（大同江）岸近くにあった仁川《じんせん》陸軍造兵廠《ぞうへいしょう》、平壌《へいじょう》兵器製造所に検査掛として勤務し、兵器図面の検査、修正、保管の仕事に携わっていました。妻の久子は同じ製造所の医務室で看護婦として勤務しており、その年の五月に生まれたばかりの一人娘久美子と三人で、製造所のすぐ傍《かたわ》らにあった陸軍官舎に暮らしていました。

その官舎には私たちとともに朝鮮に渡った父母弟妹が一緒に暮らしていましたが、戦争が激しくなるに従って関門海峡《かんもんかいきょう》を渡る関釜《かんぷ》連絡船の往来が危険にさらされるようになり、私は内地に帰る気持ちが全《まった》くなかった父を説き伏せて、ようやく日本に送り返しました。それが一九四四（昭和十九）年の十一月のこと。今にして思うと、敗戦後の引き揚げの災難から父母弟妹を守ることができた奇跡をつくづく感じないわけにはいきません。

終戦の日、私たち五人の検査掛員（掛長水口大尉を含む）は十四、五人の朝鮮人工員とともにヘイジョウ市西南約八十キロほどのところ、黄海の西朝鮮湾沿岸の通商・漁業の港町チンナンポ（鎮南浦）沿いの海岸で、製造所で作った試作品の実験のために出張している最中でした。工員たちは終戦を事前に察知していたらしく、いち早く私たちの唯一の交通機関だった四台のトラックで逃散《ちょうさん》してしまいました。移動手段を失った私たちの困惑はひと通りではありませんでした。

幸い近くに駐留していた日本軍から一台のトラックの提供を受けて、ようやく製造所にたどり着いたのが八月十八日の夕刻。官舎では生後三か月の娘を背負った妻が右往左往しながら私の帰りを待ちわびていました。

敗戦直後から北朝鮮にはソ連の進攻が噂《うわさ》されていたため、私たち製造所の日本人従業員は、職務関係の処理と相まって、南朝鮮へ脱出するために一家族二個と決まった荷物の梱包《こんぽう》で徹夜の準備に追われていました。しかし、事態は予想以上に悪化して、製造所の引き込み線に脱出用の貨物列車が到着することは絶望的となり、脱出計画は頓挫《とんざ》してしまいました。

一転、私たちはせっかく厳重に拵《こさ》えた梱包をほどいて、今度は手に持てるだけの荷物を持って、ヘイジョウの町から西北約十キロのところにある元陸軍平壌師団の官舎地帯に避難集結しました。そこで内地引き揚げの時期が訪れるのを待つことになったのです。

避難の準備をしていると、早くも近くにあった朝鮮人の部落から家財道具を目当てに住民が集まり始めました。中には、私たちが梱包を解いて衣類を選んでいる手元から奪い取っていく者も出てくる始末でした。大切なものを手に取り忘れると、その瞬間にそれは奪われ、再び戻ってくることはありませんでした。

また、せっかく貴重品を持ち出しても、避難の途上で当時すでに結成されていた朝鮮治安隊の通行止めに遭《あ》えば万事休すです。そのため、乳飲《ちの》み子の保温衣類のみに重点を置いて荷物を作りました。ほとんど着の身着のままの逃避行《とうひこう》でした。それが八月二十日のことです。

ソ連の支配下に置かれた北朝鮮に取り残された日本人には、それぞれ苛酷《かこく》な運命が待っていました。私は避難場所に向かうトラックから見た光景を今でも忘れることができません。町には勝ち誇ったようにものすごい勢いでソ連の戦車、軍用トラックが走っていました。また治安部隊も町中を我がもの顔で闊歩《かっぽ》していました。

私たちが乗ったトラックはその中をゆっくりと進んでいきました。町の状況は阿《あ》鼻叫喚《びきょうかん》の地獄絵図そのものでした。

町に暮らしていた日本人の大半は女性と子供、そしてお年寄りでした。青年や壮年の男性はほとんどが徴兵され、召集されて戦地に行っていたのです。取り残された女性たちは大きなリュックサックを背負い、子供や年寄りの手を引いて、町中をさまよい歩いていました。敗戦と同時にそれまで住んでいた家や財産を奪われてしまった町の人々は、なんとかして一日をやりすごす場所を見つけようと必死でした。

トラックがヘイジョウの町の真ん中を流れているテドン河にかかる大きな橋に近づきました。約二百メートルほどの長さの橋ですが、そこをソ連軍の軍用車両が猛スピードで駆け抜けていきました。その瞬間、車を避けようとした群集に押されて橋の欄干《らんかん》へもたれた女性がバランスを崩《くず》し、あっという間に川へ転落してしまいました。橋の上からは子供が、

「母ちゃん、母ちゃん」

と悲痛な叫び声を上げています。しかし、その子の叫びも空しく、泣きながら母は落ちていきました。

誰もが助けてあげたいと思ったはずです。でも、できないのです。あの惨状《さんじょう》を見たとき、私たちにはトラックがあり、また退避できる官舎があることがあまりにもありがたく、もったいない気持ちがしました。

あの時代、町に暮らす人々と私たち陸軍関係の官舎にいた者との間には雲泥《うんでい》の差がありました。

避難所での出来事

ようやく私たちが避難場所として目指した秋乙官舎地帯に落ち着くと、待ち構えていたように自動小銃を肩にかけたソ連兵が現れました。そして、まるで私物検査をするように勝手に荷物を開け、めぼしいものを見つけると、有無を言わさず没収していきました。特に腕時計、万年筆、金銭は否応なしに取り上げられました。私たちが持ち出した荷物はすでに半分になっていました。

ヘイジョウの官舎を出るときの朝鮮人の略奪にはそれほどの恐怖は感じませんでしたが、このときは非常な恐怖心がありました。それはソ連兵が銃を持っていたからです。逆らえば殺されるかもしれないという不安な気持ちがとても強かったのです。

避難場所に到着したとき、避難民の指揮・指導をする人は誰もいませんでした。そのため住居もそれぞれが勝手に探すという無秩序状態にありました。数日後には日本人会が結成されましたが、会長、幹事、書記の三人がいるに過ぎませんでした。

私は終戦の日まで官舎の隣組《となりぐみ》世話係をしていました。終戦になったからといって、それを投げ出していいわけではない。むしろ、こんなときにこそ避難民が助け合って、内地へ帰れる日まで結束するべきだ。そう考えて、引き続き日本人会の手伝いをするのが当然だと思っていました。

もちろん、終戦まで官舎の隣組の世話係をしていたのは私一人ではありません。そのため、私も一時はほかの人たちと同じように、そんなにでしゃばる必要はないかとも思いましたが、あまりの無秩序状態を見て、知らぬ顔で過ごすことができなくなったのです。

「避難民のために、何かお役になるなら何でもします」

私はそう言って、日本人会に足を運び続けました。

あのときは一軒の官舎に四家族、五家族を詰め込んで住んでもらわなくてはならないという状況でしたから、いろんなトラブルが起こりました。そのため住居の調整をはじめとして、食糧の調達や使役人員の手配といった仕事に携わりました。

秋乙官舎地帯に到着した当日、地形の状態や位置情報を知らない私たちは、部落に近い小高い通り抜けの峠道《とうげみち》付近の官舎に空き家が多いのを見て、親しくなった三家族で一軒の空き家に住むことに決めました。その三家族のうちに男は私一人だけ。別の二家族の夫は応召《おうしょう》していておらず、それぞれ一人ずつの幼児を抱えていました。それならば一緒に住んだほうが安心して暮らせると思ったのです。

二、三日を経て、近所の家族を訪ねようとしたところ、付近には空き家が多く、誰も住んでいませんでした。なぜかと調べてみると、実はその場所は地勢的にとても物騒《ぶっそう》な場所とわかり、次の日に一家族は中央部に移り、別の家族も移転先を探しているようでした。

日中、私は日本人会へ行きますので、久子と娘を中央部にある合同宿舎の知人に預けることにしました。すると留守にしているときに、少しばかりの寝具や炊事用具がなくなっていました。それで危険を感じ、私たち家族も安全な場所に移ることに決めました。しかし移転先はどこもすし詰めで、結局、合同宿舎の知人の家族と一緒に暮らすことになりました。

八畳間に九人の大人と乳飲み子が暮らす生活を想像できるでしょうか？ とても生活できるものではありません。想像を超えた困難さでした。しかたなく私たちは新しい移転先を探さなくてはなりませんでした。たまたま見つけたのが、合同宿舎の近くにできたソ連兵衣類修理作業場の棟続《むねつづ》きにある四畳半ほどの休息部屋と思われる空き部屋です。尋ねたところ、使用していないという返事でしたので、さっそくそこに移り住むことに決めました。最初に住んだ空き官舎で寝具、炊事用具などをなくした私たちには、すべてもらいものの若干《じゃっかん》の生活用品しかありませんでした。極限の不自由な生活の始まりでした。寝場所は押し入れの中というありさまでした。

昼間こそ日本人女性たちがわいわい話し合い、ミシンの音も聞こえて比較的平穏な気分でしたが、夜になるとときに聞こえる銃声の不気味さと不安には怯《おび》えました。

そのうちに所持金が乏しくなってきました。少しばかり持っていた着物などを売ってお金に替えたりしましたけれど、それにも限界があります。タンスの中身をまるごと持ってきたわけではありません。風呂敷包みで持ってきた着物一枚、洋服一着といった程度を売るぐらいしかできません。それらにしても、ソ連の兵隊に無理やり取り上げられてしまえばもうあとには何一つ残りません。

ソ連兵は横暴でした。あるときは、朝鮮人からサツマイモを買うために十三、十四台の馬車を連ねて出かけ、官舎地帯の入り口まで帰って来たときに治安部隊に止められ、買ってきたばかりのサツマイモを全部取り上げられました。

「これは僕たちが買ってきたものだ」

と抗議すると、

「日本人に金があるはずがない。盗んできたのだろう」

と難癖《なんくせ》をつけられて徴発《ちょうはつ》されてしまったのです。再三ではありませんでしたけれど、そういうことがときどきありました。

あれほどひどい、あれほど残虐《ざんぎゃく》なソ連兵を見て、戦争に負けた国民の屈辱《くつじょく》と無力さが骨肉にしみ込む思いがしました。あのあたりのソ連兵は正規の軍隊ではなく、凶悪犯罪人を釈放して軍服を着せて北朝鮮や満洲《まんしゅう》に放り出したもので、それがスターリンのやり方だ、という噂を聞きました。ソ連軍にも宣撫《せんぶ》班があるらしく、われわれ避難民の苦情を聞いてくれる機関もあったようですが、下級兵士の蛮行《ばんこう》には目をつぶり、大目に見ていたようにも思われます。独ソ戦争でたくさんの兵隊が亡くなっていましたから、人手が足りなかったのです。

しかし、それは飢えた狼を野に放したのと同じことです。気の毒にも女性が最初に犠牲になりました。白昼であれ人前であれ、そんなことはおかまいなしにレイプする。それがソ連の兵隊のやり方でした。

そんな中、昭和二十一年の四月ごろに満洲からの避難道中だという一人の日本人男性が私たちの日本人会に助けを求めてきました。安岡と名乗る三十代の男でしたが、官舎に住まわせてくれと言うのです。混乱のさなかでしたから、その男の身元確認などするすべもなく、日本人会は彼が日本人だというだけで無条件に受け入れたようでした。

自分たちがトラックで避難できたということさえもったいないという気持ちがあ

りましたから、私は避難道中というその人を気の毒に思いました。そして、残り少ない食糧でしたが、妻と相談して、その人を何度か食事に招いたりもしました。五、六回は来たでしょうか。

面白いことに、彼は食事するときには絶対に口をききませんでした。食事が終わっても何も言わずに出ていきました。別にお礼を言ってほしいとは思いませんでしたが、普通ならば、ありがとう、ごちそうさんと言って出ていくものです。ところが、彼は挨拶すらせずに出ていく。いっぷう変わった人だなと思っていました。

それでも雑談の中で特技は何だと聞いたら、電気工だと言いました。その当時、私たち避難民はソ連軍の使役要員となって働いて、賃金をもらって生活していました。古着の売店をはじめ、洗濯、靴修理、掃除夫、左官、大工などをして収入を得なければ生きていくことができなかったのです。

電気工ならば使えるだろうというので、その男に仕事を紹介しました。すると一週間ほどはちゃんと仕事場に行っていたようですが、いつの間にか姿が見えなくなりました。ああ、彼は自由の人だからどこかに移住したのだろうと思い、私は大して気にもかけませんでした。

しかし、この男の登場によって私の人生の歯車は大きな音を立てて動くことになるのです。

突然の家宅捜索、そして連行

広い空き地の中央部にポツンと建った部屋で暮らして一年近くが過ぎた昭和二十一年の七月のある日、突然、十人ばかりのソ連兵が押しかけてきました。大きな軍用犬を連れ、手には自動小銃を持っていました。家宅捜索をするというのです。何の目的があるのか全く見当がつきませんでしたが、逆らうわけにはいきません。彼らが家の中を引っ掻《か》き回して調べるのを部屋の隅で震えながらじっと見ているしかありませんでした。

私は乙種傷痍《おつしゅしょうい》軍人でしたから、傷痍軍人徽章《きしょう》を持っていました。きれいな銀色の徽章で、いつも身につけていました。ソ連の兵隊はそれを見つけて勲章だと思ったようです。

「これは何だ」

と私に問いただしました。

そのとき私はまだロシア語は全然話せませんから手まねで説明しようとしたのですが、それが理解されなかったのかどうか、私は彼らに連行されることになりました。ソ連兵たちの有無を言わせぬ態度に怯えたのか、幼い久美子が泣き叫びました。妻の久子はそんな久美子をあやしながら、おろおろするばかりでした。

もちろん私は連行されるようなことを何もやってはいません。何かの間違いだろうと思いました。

「私は何も悪いことはやっていない。一週間もすれば帰れるだろうから心配するな。久美子を頼むぞ」

久子にそれだけ言って、私はソ連兵に従って家を出ました。そのとき近くにあったレインコートを手にするのが私に許された最大限の自由行動でした。

このとき私は二十八歳、久子は二十九歳、久美子はまだ一歳四か月でした。まさかこれが妻と娘との半世紀にも及ぶ長い別れになろうなどとは露にも思いませんでした。

第一章

私の原点

母への誓い

【扉写真】裕福な幼年時代。左は姉・八重。当時、このような服装の子供は稀であったらしい。

わがまま放題の贅沢な幼少時代

物心のついたころから、私は「なんとかして生きていかなければならない」という意識を強く抱いていて、その思いに追われるようにして生きてきたように思えてなりません。もちろん人としてこの世に生を享《う》けた以上、誰でもその人の人生を歩んでいかなければならないのですし、千差万別の運命に左右されてそれぞれの道を歩んでいくことになるのですが、とりわけ私の場合、その運命というものに激しく翻弄《ほんろう》されるようにして人生を歩んできたように思います。そのせいで、普通の方たちに比べると「石にかじりついても生きていかなければならない」という意識をより強く持ったと言えるのではないかと思っています。

皆さんは真田紐《さなだひも》というものをご存じでしょうか？　縦糸を絹で、横糸を木綿で平たく編《あ》んだ紐です。戦国時代の武将真田昌幸《まさゆき》・幸村《ゆきむら》親子が発案したといわれるもので、かつては刀の柄《つか》に巻いたりしました。また、勲章の下地になったり、貴族の方たちが襷《たすき》にメダルをかけたりするときにも使います。

私の父はこの真田紐の製造を生業《なりわい》にしていました。三、四十人ばかりの織り子さんを使って盛大にやっていたようです。織り子さんたちの働く様子は子供心にも覚えております。

私はこのような家業を営む蜂谷家の長男として、一九一八（大正七）年の八月に生を享けたのです。父の事業がうまくいっていたこともあり、暮らしぶりは比較的裕福でした。四歳と二歳年上の二人の姉がいましたが、私は長男ということもあって「若旦那」「坊ちゃん」と呼ばれ、非常に甘やかされて育てられました。五歳のころ、当時の子供では珍しい革靴を履いていました。「とてもわがままで、どうにもならない子供だった」と、四歳年上の姉がいつも思い出話として話してくれました。

そう言えば、こういう思い出があります。織り子さんたちの休憩の時間が午前と午後と二回あるのですが、その時間になると私は職場に入っていくのです。入ってはだめだと言われていましたけれども、そんなことはおかまいなしです。織り子さんたちが「坊ちゃん、坊ちゃん」と甘やかしてくれるのが心地よくて、遊びに行くのをやめませんでした。取り合いになるほど可愛がられましたからますます増長して、私の言うことは何でも聞いてもらえると思っていました。

私はどじょうの蒲焼きが大好きで、それがないとご飯を食べませんでした。どじょうをさばくと「チィ」と声を出すのですが、蒲焼きがないときにはその鳴き声をまねして「チィチィ」と言って箸《はし》も投げ出してしまうほどでした。そんなわがまま放題の子供でした。

昔は尋常《じんじょう》高等小学校といいましたが、この尋常小学校一年生に入りましたころ、生まれたときからの子守りが学校まで付き添ってきてくれました。

また、あの時代はまだ自動車はありませんでしたので、雨の日には自家用の人力車で学校に通っていました。この人力車は父が所用で来られる方々をお見送りするのに使っていたものですが、雨の日にはそれを子供の私が使っていたのです。それほど贅沢《ぜいたく》な生活でした。

一転して貧乏のどん底へ

ところが突然、あれだけ盛大にやっていた父の事業が破産の憂《う》き目に遭いました。真田紐は袋状になった紐を一本ずつ手作業で織っていくのですが、父は一度に五本の真田紐を織る機械を作ったのです。しかし、一度に五本もできるようになると製品の価格が下がってしまうというわけで業界から強く非難されて、それが原因となって倒産に追い込まれたようです。

多額の借金を抱え込んだ父は家にもあまり近寄らなくなりました。炊事場のおばあさん、子守りの人、車を引いていた男衆といった人たちからは、

「破産後も私ら家族と一緒に働いて生活をさせてください」

と頼まれましたが、母はその申し出を断りました。家財道具にはすべて赤い差し押さえの紙が貼られ、六人の子供を抱えた母が執達吏《しったつり》に追われるようにして家を出たのは、私が尋常小学校二年生の秋でした。二人の姉と抱き合って大声で泣きながら住み慣れた家を出た思い出は、今でも脳裏から消え去りません。

破産後、留守がちな父の帰りを心待ちにしていた母の姿をよく覚えています。あの母を見たときはもう本当にかわいそうで、気の毒でしかたありませんでした。

収入が何もなくなってしまいましたから、四歳年上の姉に母が機織《はたお》りを教えて、二人で真田紐の賃仕事をしながら生計を支えるようになり、二歳年上の姉は女中子守り奉公に出てしまいました。

しかし、いくら夜通し機織りをしても、一か月の間に十五円か二十円くらいの収入にしかなりません。私も何か母の手伝いができないかと思って、学校から帰ってきたら、道端に落ちている木の端《はし》くれを拾い、川べりに沿って枯れ枝を集めるために出かけました。それを薪《たきぎ》の代わりに使うのです。ちょうど尋常小学校三、四年生のころでした。

そんな生活が苦しい中で、私は二年生、三年生、四年生、五年生と、なんとか学校に行かせてもらいましたが、食べ盛りのころでもありますし、十二歳になると口減らしのために鮮魚屋に丁稚奉公《でっちぼうこう》に行くことになりました。

夏休みが終わってから丁稚奉公に出ました。使い走り、掃除といった雑用が中心でしたが、ときどき注文取りにも行かされました。でも、まだ社会常識がありませんから、勝手口ではなくて玄関から家に入って女中さんにこっぴどく叱《しか》られたこともあります。

鮮魚屋の主人は、

「六年までは学校にやらせてやる」

という約束をしてくれていたので、私も喜んで行ったのですが、新学期が始まるころになっても学校に行かせてもらえる気配がありません。

そのころ店の使用人は主人を「大将」と呼んでいました。それであるとき大将に、

「いつ学校にやらせてくれますか」

と尋ねてみました。すると予想だにしない答えが返ってきたのです。

「学校に行かせるつもりはない。おまえの勉強は魚屋の仕事をすることだ。十五年勤め上げたら店を出してやるという約束になっているんだ」

と言うのです。

子供心にも〝納税、兵役、教育〟が国民の三大義務であることを知っていました。

そして、これは国民として是非とも守らなければならない義務であると教えられていましたから、約束を守ってくれない主人の言葉には大いに戸惑《とまど》いました。当時は尋常小学校の六年を卒業すれば義務教育は終了となるのですが、それができないのです。

「大きくなってから義務教育も受けなかったということでは世間様に申し訳ない。どうしたらいいだろうか」

といろいろ考えた末に、その魚屋から逃げ出すほかに道はないと思いました。一日の仕事が終わって店の掃除が済んでから、魚屋の店頭で使っていた帆布《はんぷ》製の鰹《かつお》の絵を描いた前垂れと背中に大きな魚を書いた法被《はっぴ》を着たまま店を出て、私はそのまま家に向かって歩き始めました。

私が奉公に出ていたのは滋賀県大津市石山という町でした。店のある石山駅から家のある草津駅（二区間）までの汽車賃十二銭は宝物のようにしていつも持っていましたので、汽車に乗ってもよかったのですが、汽車を待つ時間や人ごみの中で魚屋の丁稚姿はすぐ見つかると思い、二十七、八キロの道のりを歩いていくことにしました。私の働いていた与竹支店から瀬田《せた》の唐橋《からはし》を渡って左側に折れると与竹本店があり、私はその本店で寝泊まりしていましたので、その前を通ることは避けねばなりません。右折れの進路をとればずいぶんの遠回りになり、また本通りを行けばそれも危ないので、田んぼの畦道《あぜみち》を拾い歩きをしながら家に向かいました。ただただ学校に行きたい一念で、つるべ落としの秋の夜道をとぼとぼと夜通し歩いて家にたどり着いたときは、もう夜明け近くになっていました。

家に着くと玄関の戸を叩きましたが、母は私が帰ってくるとは思ってもいませんからなかなか開けてくれません。長い間叩き続けているとようやく開けてくれましたが、母は私の姿を見てびっくりしてしまいました。私はなんとか母の許しを受けなければならないと思い、両手をついて

「お母さん、許してください。主人の許しもなく帰ってまいりました。ご飯はたくさん食べませんから、尋常六年生までは学校にやらせてください」

と頼み込みました。

母は私を抱きしめて、何も言わずに涙をほろほろと流しました。そのときの母の

温《ぬく》もりを私は忘れることができません。

教育勅語を目にした感激と喜び

その翌日、私は教科書も何も持たずに学校に行きました。しかし、教室に入るのがためらわれて、窓から教室を覗《のぞ》きながら廊下を行ったり来たりしていました。それを担任の長谷川智忍先生が気づかれて、

「どうした?」

と声をかけてくださいました。私は、

「先生、窓越しでもいいですから、授業を受けさせていただけませんか」

とお願いしてみました。すると長谷川先生は何も言わずに私の肩を抱いて教室に連れていき、みんなの前で、

「今日から蜂谷君が君たちとまた一緒に勉強するようになったから、仲良くするんですよ」

とおっしゃいました。その一言で緊張が解けました。

そのときに隣の席に座っていたのが奥村正太郎君でした。今でも忘れることはできません。この正太郎君とはいつも一緒にいる仲良しになりました。

その日の帰りがけに、長谷川先生が、

「明日の朝、誰もいないうちに早く学校に来て、教員室にいらっしゃい」

とおっしゃいました。翌日、言われた通りに朝早く教員室に行くと、先生は私のために教科書、雑記帳、ノート、鉛筆、消しゴムをひと揃《そろ》い揃えてくださっていて、

「持っていきなさい」

と言われました。

あのときのありがたさは忘れられません。長谷川先生は神様か仏様ではないかというような気持ちでした。これはただ「ありがとうございます」とお礼を言うだけでは足りないと思って、廊下に座り、手をついて頭を下げようとしたところ、先生は、

「そんなことをするんじゃない。早く立ちなさい」

と言われ、

「早く教室に行きなさい」

と諭《さと》されたのでした。

私はそのいただいた教科書を本当に宝物のようにして、家に持って帰りました。もちろん、すべてが新しい教科書ばかりではありません。新しいのは雑記帳と修身の本だけでしたが、ただただありがたくて長谷川先生には感謝するばかりでした。母はその教科書の前に正座して、両手を合わせて涙をこぼしました。

真新しい修身の本を広げたところ、最初に出ているのが明治天皇のお示しになった教育勅語《ちょくご》でした。あのころ教育勅語と言いますと、三大祭日（祈年祭、例祭、新嘗祭《にいなめさい》）、四方拝《しほうはい》、紀元節、天長節、明治節というときに校長先生が白い手袋をはめた手に戴《いただ》いて恭《うやうや》しくお読みになるものでした。そのとき生徒一同は頭を下げて黙って聞くのです。そういう中で知っていた勅語でしたから、それが目の前の教科書に載っているという感激と嬉《うれ》しさは格別でした。意味はわかりませんでしたけれども、これを忘れてはだめだと思い、一所懸命に覚えました。

朕惟《チンオモ》フニ、我《ワ》カ皇祖皇宗國《コウソコウソウクニ》ヲ肇《ハジ》ムルコト宏遠《コウエン》ニ徳《トク》ヲ樹《タ》ツルコト深厚《シンコウ》ナリ。我《ワ》カ臣民《シンミン》、克《ヨ》ク忠《チユウ》ニ克《ヨ》ク孝《コウ》ニ、億兆心《オクチヨウココロ》ヲ一《イツ》ニシテ世々《ヨヨ》厥《ソ》ノ美《ビ》ヲ濟《ナ》セルハ此《コ》レ我《ワ》カ國體《コクタイ》ノ精華《セイカ》ニシテ教育《キヨウイク》ノ淵源亦實《エンゲンマタジツ》ニ此《ココ》ニ存《ソン》ス。爾臣民《ナンジシンミン》、父母《フボ》ニ孝《コウ》ニ兄弟《ケイテイ》ニ友《ユウ》ニ夫婦相和《フウフアイワ》シ、朋友相信《ホウユウアイシン》シ、恭儉己《キヨウケンオノ》レヲ持《ジ》シ、博愛衆《ハクアイシユウ》ニ及《オヨ》ホシ、學《ガク》ヲ修《オサ》メ業《ギヨウ》ヲ習《ナラ》ヒ以《モツ》テ智能《チノウ》ヲ啓発《ケイハツ》シ、徳器《トクキ》ヲ成就《ジヨウジユ》シ、進《スス》ンテ公益《コウエキ》ヲ広《ヒロ》メ、世務《セイム》ヲ開《ヒラ》キ、常《ツネ》ニ國憲《コクケン》ヲ重《オモン》シ、國法《コクホウ》ニ遵《シタガ》ヒ、一旦緩急《イツタンカンキユウ》アレハ義勇公《ギユウコウ》ニ奉《ホウ》シ以《モツ》テ天壌無窮《テンジヨウムキユウ》ノ皇運《コウウン》ヲ扶翼《フヨク》スヘシ。是《カク》ノ如《ゴト》キハ、獨《ヒト》リ朕《チン》カ忠良《チユウリヨウ》ノ臣民《シンミン》タルノミナラス又以《マタモツ》テ爾祖先《ナンジソセン》ノ遺風《イフウ》ヲ顕彰《ケンシヨウ》スルニ足《タ》ラン。斯《コ》ノ道《ミチ》ハ、實《ジツ》ニ我《ワ》カ皇祖皇宗《コウソコウソウ》ノ遺訓《イクン》ニシテ子孫臣民《シソンシンミン》ノ倶《トモ》ニ遵守《ジユンシユ》スヘキ所《トコロ》、之《コレ》ヲ古今《ココン》ニ通《ツウ》シテ謬《アヤマ》ラス之《コレ》ヲ中外《チユウガイ》ニ施《ホドコ》シテ悖《モト》ラス。朕爾臣民《チンナンジシンミン》ト倶《トモ》ニ拳拳服膺《ケンケンフクヨウ》シテ咸《ミナ》其徳《ソノトク》ヲ一《イツ》ニセンコトヲ庶幾《コイネガ》フ

と何度も何度も繰り返し暗唱しました。

しばらくして、修身の時間に先生が、

「暗唱できる人」

と聞きました。たくさんの生徒が手を挙げるに違いないと思って、私も、

「はい！」

と手を挙げたところ、挙手《きょしゅ》をしたのは私一人でした。先生は、

「蜂谷君」

と私を指名し、初めて皆の前で教育勅語を唱《とな》えたのでした。先生は褒《ほ》めてはくれませんでしたが、

「よろしい」

と一言おっしゃいました。

その教育勅語が、のちにソ連に抑留され、人権も何もない特別強制労働収容所で生き抜いていくときの心の支えとなりました。刑を終えても日本に返してもらえずにいたとき、「いつか日本に帰れる」という気持ちを忘れずに日本人としての誇りと矜持《きょうじ》を保つ糧《かて》になったのも教育勅語でした。子供のときに一番感激して教わった教育勅語ですから、今も頭から消え去ることはありません。そのおかげで命拾いも

したのですし、また励ましてもらったと思っています。

母を助けたいとの一念で

このようにして私は尋常六年生の課程を卒業できました。それからあとも、新聞配達をしながら高等科一年、二年と修了することができました。今の時代の子供たちには想像できないことでありましょうが、あのころは勉強がしたくてもお金がない貧乏所帯では学校に行くことすらままならなかったのです。中学校、専門学校に行く同級生を羨望《せんぼう》の眼差《まなざ》しで見送り、貧乏人にはその道はないのだと自分に言い聞かせるようにして諦《あきら》めなくてはなりませんでした。

尋常六年生のころ、一回り（十二歳）違いの弟が生まれました。その当時、相変わらず父はほとんど家には帰ってきませんでした。たまに帰ってきてもまたすぐにどこかへ出ていく。そのあとに母のお腹がふくれてくる。あのとき、また弟ができて母の生活も苦しくなるなと、子供心にもそんなことを考えていました。

母は父に対して恨《うら》み言は全く言いませんでした。私に対しても、「お父さんに至らないところもたくさんあるけども、おまえはお父さんに口答えをするんじゃないよ。お父さんはおまえのお父さんだから」と常々諭してくれました。ですから、私も父に口答えをしたことは一度もありません。

弟が生まれたあと、母は産後の病気のために機織りができなくなってしまいました。四歳年上の姉は十九歳、私は十五歳になっていましたが、本当に赤貧《せきひん》洗うが如しという生活でした。夜になると近所の家には電灯が煌々《こうこう》と灯《とも》っているのに、私の家には石油ランプが一つぶら下がっているだけです。そのランプの下で姉が機織りをし、周《まわ》りで私たちは本を読んだり勉強をしたりしていました。文字通り、暗い暗い生活でありました。

弟がだんだん大きくなるのとは裏腹に、母は日を追って弱っていきました。ある夜、私が夜中に目を覚ましたところ、母の姿がありません。驚いた私はどうしたらいいかという思いも何もないまま外へ飛び出して、川べりを走りました。そして川べりにポツンと立っている母を見つけたのです。母が何を考えているのか、手にとるようにわかりました。

私は母を驚かさないようにこっそりと近寄って、

「お母さん、帰りましょう」

と声をかけました。母がびっくりしてそのまま川に飛び込んでしまっては大変だから、大きな声は出しませんでした。母は私を強く抱きしめ、涙をぽろぽろこぼしながら、

「やっぱりおまえが来てくれた」

と言って、なお強く抱きしめてくれました。あのころの母の温もりが今も残っているように思えてなりません。

「ここでお母さんに行ってしまわれたら、僕たちどうしましょうか。どんなことでも僕が働いてなんとかして支えますから、お母さんそれだけはやめてください。お母さんさえいてくださったら、僕たちも生きていけます」

と懇願《こんがん》しました。

私の言葉を聞いて母は思いとどまってくれました。母は、

「このことは誰にも言わずにね」

と言って、一緒に家に戻りました。

このときに「母を助けるために石にかじりついてでも生き柱になって生きていきたい」という気持ちが私に宿ったのではないかと今でも思っています。私と母とはいつも家庭のいろいろなことを相談しあっていました。あるとき、村役場から執達吏が村税の催促《さいそく》に来たことがあります。そのときも母は十四歳の私に、

「彌三郎、うちには五円のお金はあるんだけれども村税を三円八十銭払ったら一円二十銭しか残らない。そうするとお米も買えない。どうしようか」

と相談してきました。それに対して、

「お母さん、これはもうしばらく税金を待ってもらってお米を買わなきゃだめじゃないの」

と答えたことを覚えています。

そんな時代もありまして、母の生活はとても苦しく、食べるだけで精いっぱいで

した。それでも食べるもののほかに母の薬や電灯代わりのランプに使う石油も買わなければなりません。そのためにはなんとかして母と姉に仕事をたくさんこなしてもらって、お金を稼いでもらわなくてはならない。その時間を少しでもたくさん作るために、私も台所仕事を手伝うようになりました。

あるときは、米櫃《こめびつ》の中に明日の米がありませんでした。私はいつも新聞を配達している米屋さんに頼んで、

「給料十五円をもらいますが、給料をもらったらお金を持ってきますから、お米を少し貸してもらえませんか」

とお願いしてみました。すると米屋の主人はかます（むしろを二つ折りにして袋にしたもの、一袋で九キロの米が入る）一袋を指さして、

「あの米を持っていきなさい」

と快く承諾してくれました。その米を自転車に積んで持って帰って、米櫃にこっそり入れておきました。

母が米櫃を開けるとないはずの米がいっぱい入っているので驚いて私を呼びまし

た。

「彌三郎、どこで盗んできたの」

と厳しい声で言うので、

「お母さん、盗んできたのではありませんよ。これはお米屋さんから先借りして買ってきたんです」

と説明をして、わかってもらいました。このお米屋さんはとても優しい人で、給料をもらって代金を払いに行ったところ、

「半分でいいよ。おまえはよく働くから褒美《ほうび》で半分はあげる」

と言ってくださいました。

そういう苦しい生活の中、私は十六歳で高等小学校を卒業しました。

昼は製糸工場、夜は缶詰工場

高等小学校を卒業してからは、なんとかして働いて母の生活を支えたいと思い、

職業紹介所に通う日々が始まりました。昭和経済恐慌で失業者の多い時代でした。夜明け前から行列に並んで自分の順番を待つのですが、夕方になって、もう二、三人というところで「また明日」と言われて打ち切られることもありました。また、ようやく働き口が見つかっても、私は少年であり学歴もありませんから、見習いの仕事しかありません。ペンキ屋さんの見習いとして働いて、一か月五十銭の小遣いをもらって五年勤め上げると一人前になれるというような仕事ばかりです。これでは、母の生活にどれだけの助けができましょうか。

それでも働き口を探さなくてはどうしようもないので、いろいろ探し回りました。たまたま見つかったのが滋賀県大津市石山にある東洋レーヨンという人造絹糸《けんし》の製糸会社でした。その会社の紡績課に就職することができました。

これで一か月に三十円ぐらいは給料をもらえるようになりましたが、あのころは弟たちも大きくなりましたから、なんとかもう一つ仕事がないかと思い、夜間、家の近くにあった缶詰会社で働くことにしました。ここでは缶詰の検査の仕事をしました。昼にできた缶詰が冷えて倉庫に並んでいるのを竹の棒で叩いて、音を聴いていいものと悪いものに分ける仕事です。それを夜明けまでやりました。

このようにして、日中は製糸工場で働いて夜の十一時から朝の四時までは缶詰工場で働く。缶詰工場から帰ってきて少し寝てからまた製糸工場に出社するという毎日が始まりました。

人造絹糸を作る工場では、作業の工程上、硫酸《りゅうさん》が亜鉛《あえん》の溝を水のように流れています。そして出てきたビスコースという蜂蜜《はちみつ》状のものにガラスのローラーを通して巻いていくのですが、作業場には硫酸の霧が充満しています。私たちは水中眼鏡をかけながら仕事をしていましたが、シャツはボロボロになってしまいます。それから酸目といって、目がただれて真っ赤に充血します。また硫酸の霧を吸いますから肺疾患《しっかん》になりやすく、程度がひどいと廃人になってしまう人もいました。近年アスベストの被害者が大きく取りあげられましたが、あのころの製糸工場では硫酸の被害がたくさんありました。

私の体は当時としては小さいほうではなく、むしろ大きいほうでした。学校では運動会の選手、走り高跳びだとか走り幅跳び、百メートル、二百メートル走の選手

になっていました。それだけに体力には自信があって、このように昼夜を問わず働くことができたのですが、母には、

「彌三郎、おまえを起こすのはとてもつらい」

と言われました。せっかく寝ているのに、またすぐに起きて仕事に行かなければならないのですから、体力的には大丈夫とはいっても確かに楽ではありませんでした。それに、これだけ仕事をしても、十六、十七歳の収入では一家を支えるというところまではとてもいきませんでした。

体を壊してしまっては元も子もないということで、結局、私も次の仕事を考えるようになりました。そして見つけたのが、金ぱくを貼る仕事の見習い募集でした。これならば病気の心配もないと思い、一所懸命に仕事を覚えました。一人前にできるようになると、働きに出るのではなくて、直接問屋から注文を受けて自分の家でできるようになりました。

これなら母とも一緒に仕事ができます。箔《はく》を干したり剝がしたりするのを手伝ってくれますから、親子で楽しく働けました。夜なべをして母と一緒に箔張りをした

こともあります。私には忘れられない楽しい思い出です。このときは収入も相当あり、生活もずいぶん安定してきました。

美しき天然

二十歳になった私は徴兵検査を受け、甲種合格になりました。関東軍への入営が決まり、広島の軍港に集まってそこから大陸に渡り、国境守備隊に入ることになりました。入営のとき、草津の駅では町の人たちに日の丸を振ってもらい、「勝って来るぞと勇ましく　ちかって故郷《くに》を出たからは　手柄たてずに死なれよか」と歌を歌って盛大に送っていただきました。

ところが、広島の兵舎で再び検査を受けると即日帰郷を言い渡されてしまったのです。レントゲンを撮ったところ、肺疾患の前兆があるということでした。私のほかに六人ほど即日帰郷を言い渡された者がありました。しかし、あれだけ盛大に送っていただいた町の人たちに即日帰郷では合わす顔がありません。私は軍医さんに

入営を前に家族揃って撮影。左より弟 安太郎、弟 富造、私、弟 捨次郎、父 米造、母 早枝、妹 朝美、弟 行雄、姉 富美、甥 哲夫

しがみついて頼みました。

「もう一度、レントゲンの検査をしてください。私は病気ではありません。どんな顔を提げて故郷に帰ることができましょうか。お願いします」

そう言って手をついて頼むと、ようやく軍医さんも承諾してくれて、

「合格にするから体に気をつけるんだぞ」

と言われました。そして軍服の支給を受けて船で大陸に渡り、関東軍に入営したのです。私が入営した場所は、牡丹江《ぼたんこう》という現在の中国東北部黒龍江省《こくりゅうこうしょう》の沿岸にある国境の町

でした。

しかし、一年ほど初年兵としての軍隊教育を受けていた時期に、突然高い熱が出て倒れてしまいました。またも肺疾患と診断されて入院。今度はかなり状態が悪かったらしく、ハルビンまで転送され、大連《だいれん》経由で広島の軍港へと病院船で運ばれることになりました。

あのころは満洲事変のさなかで、負傷兵は白衣の勇士と呼ばれ、国内の人々から尊敬と慰めの温かい眼差しで迎えられていた時代でした。そういうときに、まともに兵として軍務に服せなかった私は、ただただ恥ずかしく申し訳ない気持ちで、内地の人々に合わせる顔もありませんでした。

武士《もののふ》の　道も果さで　還り来し
　白衣姿　人よ咎《とが》むな

これがあのころの私の偽らざる気持ちでした。

その一方で、朝鮮や満洲の木々もまばらな禿山《はげやま》が連なる大陸の風景を見てきた身にとって、広島の港に帰ってきたときに船窓《せんそう》から見た日本の景色はあまりにも美しく、まるで箱庭のように感じました。ああ、これが日本だと、その風景が心の奥に焼きつけられました。ソ連に抑留されていたとき、広島の山の姿が何度も目の前に蘇ってきました。望郷として忘れられないのが日本の景色でありました。それは「美しき天然」という歌に歌われたままの景色でした。

うす墨ひける四方《よも》の山
くれない匂う横がすみ
海辺はるかにうち続く
青松白砂《せいしょうはくさ》の美しさ
見よや人々たぐいなき
此の天然のうつし絵を
筆も及ばずかきたもう

神の力の尊しや

この歌に合わせて祖国を思い出していたのです。この歌を歌うとき、日本の姿がいつも目の前に浮かんできました。あの広島の景色こそが私にとっての祖国でした。ソ連に留め置かれていた五十一年間、あの景色をもう一度見たいといつもいつも恋い焦がれていたのです。

迫り来る運命のとき

日本に戻ってから京都の陸軍病院に一年あまり入院していました。その病院にいるとき、薬剤課長の清水先生という方が患者に謡曲《ようきょく》を教えておられました。私も肺を鍛えようと思って、一所懸命謡曲をやりました。この清水先生にはずいぶん可愛がってもらいました。二十人ほどのお弟子さんがいて、稽古《けいこ》のときには先生の両脇にずらっと並びます。私ははじめのうちは袖《そで》のほうに座っていたのですが、通うた

びに、

「蜂谷君、もっと近くに、もっと近くに」

と言っていただいて、二か月ほどすると先生の側《そば》で謡《うた》うようになりました。

身の上話も聞いていただいて、退院のときには、

「困ったことがあったらいつでも相談しに来るんだよ」

と温かいお言葉をいただきました。

私は結局、兵隊としては役に立たないということで兵役免除になりました。決まった就職口もありませんでしたから、さっそく清水先生のところに相談に行きました。そうしたところ、

「履歴書を書いて持ってきなさい」

と言われ、持っていくと、今度は、

「京都市役所の電気局の電気課に清水という人がいるから、この履歴書を持って行きなさい」

と言われました。あとでわかったのですが、この電気課の清水さんは清水先生の

弟さんで、電気課調査係の係長をされていました。それですぐに採用していただけることになり、

「明日から来い」

と言われ、電気局の助手として働くことが決まりました。

京都の病院に入院しているときには、母が二回見舞いに来てくれました。草津から京都までは片道四十五銭の汽車賃が必要です。往復では九十銭。貧しい生活の中で、母の懐《ふところ》にそれほど余裕があったとは思えません。にもかかわらず、あまり遠出もしない母が汽車に乗ってわざわざ見舞いに来てくれたのです。そのとき母は、重箱いっぱいに私の大好物の五目ずしを詰め込んで持ってきてくれました。

京都駅から市電で日赤陸軍病院まで慣れない道のりを訪ねてきてくれた母。その姿を見たとき、私は嬉しさとありがたさで涙がこぼれて言葉が出ませんでした。ひとしきり話をしたあと病院から帰る母を、私は正門まで見送り、守衛の許可なく出ることを禁じられている門外にまで出て、通りがかったタクシーを呼び止めました。運転手に「母を京都駅まで頼む」と言ってタクシー料金五十銭を渡したところ、そ

の人は料金をとらずに「確かに京都駅に届けるから」と言ってくれました。あとでもらった母からの手紙には、「久しぶりに逢えて嬉しかった。運転手さんはお金をとらずに切符売り場まで連れていってくださった」と書いてありました。

年の瀬を　病に伏せて　垂乳根《たらちね》の
　苦しき生計《たつき》　思ひ参らす

あのころの下級兵の俸給《ほうきゅう》は一か月一円十六銭。十円近く手元にあったものを母の懐に差し込むのが、私にできる精いっぱいの孝行でした。

私と母とのつながりは兄弟姉妹の中でも一番親密でした。ですから、私が京都市役所の電気局で働きだすと、母はとても喜んでくれました。私が出勤するときには、いつも見送りに出てくれる母の笑顔がありました。「ただいま」と帰ってくると、今度は抱きつくようにして迎えてくれる。今まで箔の仕事をこつこつやっていた息子が背広を着てネクタイをつけて革のカバンを提げて出勤するのですから、母はさぞかし嬉しかったのでしょう。そのころ母と私の間には以前とは違う温かな安定した空気がありました。

しかし、そんな穏やかな日々も長くは続きませんでした。ある日、父が帰ってきたのです。ずいぶんと久しぶりでした。長い間顔を見せなかったのも当然で、父は朝鮮に渡っていて、北朝鮮のヘイジョウにある鐘淵紡績《かねがふちぼうせき》の製糸工場で倉庫係の主任をしていたというのです。

私達の生活費の送金をしていてくれたその父がたまたま休暇で帰ってきて、とんでもないことを言い出しました。母と一番下の妹と弟の三人を連れて朝鮮に行くと言うのです。

こういう言い方をしては語弊《ごへい》がありますが、父にはひとつの弱点がありました。というのも、かつてこういうことがあったのです。

私が製糸工場と缶詰工場で昼夜を問わず働いているとき、少しずつ貯めたお金が二千円ほどありました。母と相談して、このお金で絹糸と木綿の糸を買って真田紐の機屋《はたや》を始めることにしました。母は機織りに関しては生き字引みたいな人でしたから、織機の糸の組み合わせもよく知っています。業界の各方面からいろいろな人が組み立ての相談に来るほどでした。だから資金があれば自分たちで機屋を始めることは難しくはなかったのです。

そこへたまたま父が帰ってきたので、私は糸の買い方を相談しました。すると父は自分が買いつけてきてやろうと言って、私が貯めた二千円を持って出ました。それきり半年、父は帰ってきませんでした。帰ってきたときはもう無一文になっていました。血の滲《にじ》む思いで貯めた金を父は賭《か》け事ですってしまったのです。二千円の金を賭け事で増やしてたくさんの絹糸を買ってきてやろうと思った、と父は言い訳をしました。父には反抗してはいけないと母から言われていましたから、私は何も言えず、諦めるしかありませんでした。

そういう経験をしていますから、父が母や弟、妹を連れて朝鮮に渡ることになれば、またみんなが路頭に迷ってしまうのではないかと私は恐れました。

「僕は長男だからお母さんについていきます」

私はそう言って、断腸の思いで市役所をやめ、両親たちとともに朝鮮に渡ったのです。京都の病院に入院しているときに患者と看護婦として知り合い、結婚したばかりだった久子も一緒でした。それはちょうど太平洋戦争が始まったころ、一九四一（昭和十六）年のことでした。

こうして私は朝鮮へと渡ることになりました。それが私の運の尽きでした。最初にお話ししたように、敗戦の翌年、私はソ連の兵士によって連行されてしまうのです。そして、朝鮮からソ連へ移され、その地で半世紀も留め置かれることになりました。いったいどうしてそんな羽目に陥《おちい》ることになってしまったのか、いよいよその話をしなければなりません。

第二章 運命の激流

スパイの汚名を着せられて

【扉写真】 ロシアの厳しい冬景色。左奥に私とクラウディアの暮らした家が見える。

五か月間の苛酷な取り調べ

避難所から私が連行された場所は日本軍の刑務所の留置所で、一部屋に七人ほどの者が詰め込まれていました。私が最後に入った一人で、私以外はすべて朝鮮人でした。ほとんどすし詰め状態で、座る場所もありませんでした。

一平方メートルほどのコンクリートの床の中央に小さな穴が開いていて、その穴をふさぐように板切れが置いてありました。さらにその横には便所代わりの大きな桶が置いてあって、猛烈な臭いがします。そこに座れ、と言われました。もちろん敷物も何もありません。また、寝る場所もそこしかありませんでした。

私は夏の服装のまま連行され、家を出るときにつかんだ薄いレインコートがあるだけでした。同室の朝鮮人には差し入れの布団や温かい綿入れの服がありましたが、私には何もありません。コンクリートの床で寝ると、夏とはいえ夜は骨の髄《ずい》まで冷えて、気が狂いそうになりました。レインコートを下に敷くか上にかぶって寝るか、私にはそれだけしか選択の余地がありませんでした。

　七月の中ごろから十二月に裁判が始まるまでそこで寝起きしていました。厳しい取り調べを受けましたが、そのやり方も独特でした。ソ連では拘束した人間をすぐに取り調べたりはしません。一か月以上放っておいて、できるだけ腹をすかせるようにするのです。朝食は水のように冷たい少量のスープと一切れの黒パンだけ。昼はカーシャというお粥《かゆ》のちょっと固いようなものを匙《さじ》に五、六杯。夕食はなし。一日二食です。それ以外に、朝に柄《え》のついたコップ一杯の水が与えられます。そのコップの半分の水を口に含んですすぎ、すすいだ水を手に戻して顔を洗い、手拭《てぬぐ》いの代わりに着ているシャツの端で顔を拭きます。残りの半分の水は、少しずつ飲んで喉《のど》を潤《うるお》すのに使うのです。

　こういう生活を一か月も続ければ、あまりの空腹から取り調べに行くときも廊下の壁を手で支えなければ歩けないような状態にまで衰弱《すいじゃく》してしまいます。しかし警護兵はそれを許さず、両手を後ろに組めと言って自動小銃で突っつきます。しかたなく肩を使って壁を支えにしようとすると、真っ直ぐに歩けと言って足元を蹴ります。すでに人間の扱いではありませんでした。

取り調べは、いつも午後十一時ごろから始まりました。夜明け近くまで続くことも珍しくはありませんでした。空腹に加えて睡眠不足の状態にされるのですから、これはたまりません。人間、否《いな》、生き物は食欲と睡眠の制限を受けると意識が乱れてしまうのです。

すきっ腹を抱えて取り調べ室に入ると取調官の前には白パンだとかソーセージ、ハム、バターなどが並べられていました。最初、取調官はそれを指して、

「クーシャイ、クーシャイ（食べろ、食べろ）」

とすすめました。目がまわるほどの空腹ですから、もちろん手が出そうになります。しかし手を出そうとしたそのときに、「やめろ」と心の内側から声が聞こえてきました。それを食べたら取調官の言いなりにならなければならないぞ、それは自分を売るということなんだぞ、と。

われに返って、

「いらない」

と断ると、途端《とたん》に取調官の目は毒蛇《どくじゃ》の目に変わりました。そして、

「武器や火薬をどこに隠したのだ」

「おまえの任務について話せ」

「組織の人数はどれだけいるのか」

といった質問を矢継《やつ》ぎ早《ばや》に投げかけてきました。当然ですが、私には何が何だかわけがわかりません。だから、答えようにも答えることができない。結局、取り調べはそのまま裁判の日まで続きました。

取調官の質問の内容から考えてみると、重大事件に巻き込まれたような気がしました。だから、「知らない」「知らない」で通す。すると、次に拷問《ごうもん》が待っています。殴る、蹴る、踏みつける。もう目茶苦茶にやられました。何度も気絶しました。

取り調べの一日目にひどく顔面を殴られて、私の左耳は聞こえなくなってしまいました。そのときはわからず、大分時間がたってから聞こえないことに気づきました。今でも聞こえないままです。あばら骨が折れたら大変だと思って、いつもあばらだけをかばっていました。幸い、骨は折れずに済みましたが、このような苛酷な

取り調べが裁判までの五か月間、毎日毎日続いたのです。

留置場の高い小窓からのぞく明かりだけしか射し込まない暗い監房《かんぼう》で、久子母娘のことを思いました。私だけが頼りの久子母娘が、近くに誰一人いないあの部屋に取り残されたときの悲しさ、心細さを思うと、身も心も張り裂ける思いでした。不安と恐怖が絡み合う中で、狂わんばかりに悶《もだ》え苦しみました。しかし、拘束の身の私には、どうすることもできなかったのでした。

一方的な裁判で下された懲役十年の刑

十二月の二十四、五日ごろに裁判が開かれました。裁かれるのは私も含めた三人の日本人でした。ほかの二人は初めて見る人たちでした。裁判官側の席を見たところ、見覚えのある顔があったので驚きました。避難所で食事に招いた安岡という男が証人席に座っているのです。最初、私はとても喜びました。彼が私たちの無実をここで証明してくれるのだと思ったからです。

ところが、裁判が始まるやいなや安岡は立ち上がって、視線は伏せたまま、

「おまえたちのことは日本本国に報告してあるから心配するな」

と言ったのです。私はそれが何を意味するのかわかりませんでした。ただ、まるで私たちを部下扱いするかのような口ぶりなのが気になりました。続いて裁判官が通訳を通じて、

「この三人とはどういう関係か」

と尋ねると、安岡は、

「この三人は私が徴用した日本軍のスパイだ」

と驚くべき言葉を口にしました。

このとき初めてこの男が密告者だったことに気づかされました。現実にはない何かを密告し、それによって私は連行されたのだと思うよりほかに判断のしようはありません。しかし、咄嗟《とっさ》のことでもあり、何事が私に絡みついたのかと戸惑うばかりでした。

この男は気が狂っているのではないかと思いました。なぜそんなことを言うのか、

わけがわかりません。私はいきなり立ちました。

「おまえに徴用された覚えなんかないぞ。おまえを憐《あわ》れんで食事に招いたのが、どうして徴用になるんだ！　どうしてスパイと関係があるんだ！」

安岡に向かって怒鳴りました。しかし、ソ連の裁判には弁護士などいませんから、こちらの言い分を聞いてもらえるはずもありません。安岡も私の問いに答えることなく、そのまま法廷から連れ出されてしまいました。

安岡の証言を聞いただけで裁判は終了。時間にしてほんの十分ほどです。起訴状の読み上げもなし、弁護士による反対尋問もない。一言二言の安岡の証言がすべてでした。通訳はいましたが、朝鮮人の通訳で、しかも日本語がほとんどしゃべれません。私が事情を話して無実を訴えても、たった一言ロシア語で何か言うだけ。私はロシア語が全然わかりませんでしたから、何と言ったのかも理解できませんでした。

あのときほど、言葉が通じないというもどかしさ、愚かさが身にしみたことはありません。

安岡が退廷したあと、ボールペンを握らされて一枚の紙にサインをしろと命じられました。紙を見ると全くの白紙です。あとで何がそこに書かれるかわからないのですから、サインをするわけにはいきません。私がペンを投げ出すと、すぐさま拳銃がこめかみに突きつけられました。そしてまたボールペンを握らされました。

絶体絶命。どうにもなりません。私は思いました。いちかばちかだ。ここで撃たれるより、サインをしてしまおう。そうすれば、いつかなんとかなるだろう、と。

そして漠然とした気持ちでペンをとり、サインをしてしまいました。成り行きに任せる。それだけしか選択肢はありませんでした。あとの二人も私同様にサインをしてしまい、その後、私たちは反ソ連政治犯として十年の刑が確定し、強制労働収容所送りが言い渡されました。

何が自分の身の上に起こったのか、それさえもはっきりしない。一瞬のうちに十年の懲役刑が成立してしまったのです。

裁判終了後つくづく考えてみると、こんなドラマのシナリオが前もって組み立てられていたような気がしてなりません。しかし、なぜ安岡は私たちのことを部下のように扱い、「おまえたちのことは日本本国に報告してある」などと嘘《うそ》を言ったのか。すでに半世紀以上経過した現在でも、あの言葉が心の奥深くにわだかまり続けています。

強制労働収容所へ

翌年の一月中ごろまで、私は既決監房に収容されていました。行く先の不安や裁判の無法ぶりを思い出し、憤懣《ふんまん》に駆られる日々でした。

二月はじめの猛吹雪の日に、シベリアに送られることになりました。幌《ほろ》を張ったトラックに三十人ばかりの囚人が詰め込まれました。そんなトラックが十台程並んでいたのを覚えています。あまりの寒さに囚人たちは無言のまま肩を抱き合いながら体を温めました。そういう方法しか凍《こご》え死にから身を守る道はありませんでした。このときも一週間分の食糧として少量の黒パンの乾パンが一個与えられただけでした。

囚人輸送トラックは十台以上もあったと思います。それが列をなして長い距離を延々と走り続けました。私はセイシン（清津）、ラシン（羅津）のあたりを通ってソ連領に入るのではないかと思っていました。ところが、そうではありません。どこかわからない野原でトラックは突然止まりました。外には貨物列車が止まっていました。どうやら囚人輸送列車のようです。トラックから放り出された私たちはこの列車に移されることになりました。

外のあまりの寒さとひどい吹雪《ふぶき》で、私たちは震え上がりました。警備兵たちは大きな深い襟《えり》のついた毛皮の外套《がいとう》を着て、マンドリン銃を構え、

「ダワイ、ダワイ（さあ、さあ）」

と大声で急《せ》きたてながら私たちを貨車に詰め込みました。

その貨車の中には、猛獣輸送車のように親指より太いくらいの鉄柵《てっさく》の仕切りがありました。車両の前後が檻《おり》になっていて、真ん中の空いた場所にドラム缶のストーブが一つ。警備兵があたるためのストーブです。

囚人は柵の中に押し込められました。柵の中は二段の桟敷《さじき》式になっていましたが、

下の段にすすんで入ろうとする者は誰もありませんでした。床の隙間から風が入り、雪も舞い込んでくるからです。ですから、皆、上段に上がって、また抱き合って暖をとるのです。人の息が凍りつくほどの寒さで、あっという間に貨車の中は氷の洞《どう》窟《くつ》となってしまいました。

このようにして一週間ほどかけてハバロフスクの中継刑務所に送られました。さすがは囚人の大国ソ連です。刑務所には大きな飛行機の格納庫のような獄舎《ごくしゃ》がずらっと並んでいました。その中の一つに収容されたのですが、そのとき一番印象に残っているのは、遠方で大砲を撃っているように鉄の扉がドーンドーンと閉まる音です。薄気味の悪い音でした。

収容された監房はロシア語で〝カーメラ〟といって、四、五十人の囚人が詰め込まれます。囚人の中にも権力を持ったボス連中がいて、大きな顔をしています。われわれ新入りの囚人は目立たないように隅っこのほうでこっそりと生活しました。なんとかことなく時間がたつようにと、ただそれだけを願っていました。

看守の不正を告発

ある日の夜中に突然ドアが開いて、看守が二人の若い囚人を私たちの監房に入れました。ちょうど二時ごろのことです。最初は部屋を移動してきたのだろうかと思いました。しかし、そうではありません。二人の手には鋭いナイフが握られていました。それを囚人たちの喉元に突きつけて脅かし、所持品を取り上げ始めたのです。

地方から送られてきた朝鮮人の囚人たちは綿の服とか新しいジャケットなどの差し入れを受けて、いろいろなものを持っていました。それを全部取り上げていくのです。私のたった一枚のレインコートも取り上げられてしまいました。彼らはめぼしい品物をすべて取り上げると、それをドアに開いている差し入れ口から廊下に投げ出しました。

なぜ夜中にこういう作業が行われるのか、私は不思議に思いました。廊下に出した品物がどうなったのか見ようと思い、差し入れ口から廊下をのぞいてみました。するとこ人の看守がそれらの略奪品を受け取り、小わきに抱えてどこかへ運んでいきました。おかしい。これは正当なやり方ではない。あの看守たちは何か不正を働いているに違いない、とピンときました。

それから一週間ほどして巡視官がやってきました。大佐の憲章をつけて、毛皮の山高帽《やまたかぼう》をかぶっていました。彼は四、五人の副官を従えてドアを開けて監房の私たちにいろんなことを尋ねました。そのころは収監されてもう一年がたち、二年目になっていましたから、私もロシア語の単語は少しばかり覚えていました。聞き取れた単語を継《つ》ぎ合わせて考えてみると、巡視官は給与の問題、それから秩序の問題、そんなことを聞いているように思いました。そのときはなんとなくそう思ったのですが、後々振り返ってみると、確かに秩序、給与、食べ物、そんなことを聞いていたのです。

しかし、誰一人、質問に答える者がありません。ロシア人の囚人もいましたし、ロシア語の達者な朝鮮人もいるのですが、みんな黙ったままで何も言わないのです。下手にしゃべるとあとで何か仕返しをされるのではないかと恐れたのでしょう。

もしロシアから日本に帰る一九九七（平成九）年ごろほどロシア語が話せたならば、

私はあのとき堂々と答えたかもしれません。けれども、当時は何かを伝えたくても伝えられるほどの力を身につけてはいませんでした。この機会を逃してはならない、あの夜の不正を告発しなければ……という気持ちがあるのですができない。そんな自分に私はじれったさを覚えていました。

誰も何も言わないので代わりに看守が大佐の質問に答え、ドアを閉めようとしました。そのときです。私は無意識のうちに看守の脇の下を潜《くぐ》って廊下に飛び出し、大佐の前に立っていました。自分でも気づかずに体が動いていたという感じです。なぜこんなことをしたのだろうか、話をすることもできないのに……われに返ってそう思い、自分の行動を後悔しました。

大佐が聞いてきました。

「どうした、どうした。ガバリー、ガバリー（しゃべれ、しゃべれ）」

しゃべりたくてもうまくしゃべることができません。私はこの一年間に聞き覚えた単語を組み合わせて、なんとか訴えようとしました。カラピチ（略奪する）、ナゼラーチェリー（看守）、ムノーゴ（たくさん）、マーロ（少ない）、これだけのロシア語で必死に訴えようとするのですが、どうしても相手に通じません。

その間も看守は私を監房に戻そうと懸命になっていました。話したいのだけれども話せないという焦《あせ》りの気持ちと、どうなってしまうのかという不安で私が途方に暮れていると、大佐は看守に「しばらく待て」というような仕草をしました。そして私は別の部屋に連れていかれました。そこで小一時間ほども待ったでしょうか。日本語のわかる中尉の肩章をつけたロシア人将校がやってきました。

私はそこでことの一部始終を訴えました。そして私が無実の罪で十年の刑を受けて囚人として捕まっていることも訴えました。

「私は近いうちに釈放されると信じています。このことがもし世間にわかれば、とても重大な問題になると思います。これはまともなやり方ではありません」

そう言って必死に訴えました。

しばらくすると、あの夜の当番であった看守が呼び出されました。私は、

「この看守とこの看守です」

と指し示しました。その結果、その二人の看守は逮捕され、留置場に収監された

ようです。そして私は証人として証言するために、裁判までハバロフスクの中継刑務所に残されることになりました。その間に一緒に移動してきた人たちは皆、どこかに移動させせられていきました。

看守の不正を告発した翌日から、私は朝の起床の時間になると廊下に呼び出されて、使役をさせられるようになりました。廊下の掃除をし、そのあとで炊事場から大きな桶を担いで食事を運んできて配る。食事が終わったら食器を洗う。それらが私に命じられた仕事でした。

あの二人の看守は刑務所内でも評判がよくなかったのかもしれません。二人が逮捕されてからは、看守の私に接する態度はとてもよくて、まるで友達のような付き合いをするようになりました。不思議に思ったのは、配食したあとで残った分を食器に入れて看守のもとに持っていくと、「ありがとう」とお礼を言われたことです。それほど看守たちもひもじかったのでしょう。

そのうちに裁判が始まりました。このときの裁判には罪状の読み上げもありましたし、弁護士もおりました。私たちがイメージしている通常の裁判の形で行われ、二人の看守には二十五年の刑が言い渡されました。二十五年というのはずいぶん厳しいようですが、おそらく見せしめのためだろうと思います。

いろいろな話を総合すると、どうやらその看守たちは取り上げた衣類などを市場に持って行って売り、自分たちの生活費にあてていたようです。それを聞いて、戦勝国のソ連の兵隊がこんなことをしてまで生活を支えなければならないのかと愕然《がくぜん》とする思いでした。

そしてその思いの先にあったのは、祖国の人たち、あの戦争が終わって焼け野原になった日本で暮らしている人たちがどんな生活をしているのだろうかということでした。母や妻はどうなっているのだろうか。やはり苦しい生活を強いられているのではないかとしみじみ思いました。不思議と自分のこれからの心配は全くありませんでした。

そしてもう一つ、この裁判に立ち会ってみて、私たちの裁判は明らかに無法裁判であったということがはっきりわかりました。

死を覚悟した強制労働収容所での生活

それから大分時間がたちますが、私は二人の警備兵によってハバロフスクの刑務所から移動させられることになりました。そのころの私は長い間コンクリートの上で寝起きする生活、それからまた食料の問題などによって、足が曲がらないほど腫《は》れていました。看守に医務室に連れていってもらうと、医者は、

「腎臓病だ」

と言いました。そして、

「腎臓結石もある」

と。

ときどき胸や背中に激しい痛みが走るのはそのせいだとわかりました。しかし、病気とわかっても何も治療はなされず、薬ももらえません。そのままの状態で移動することになったのです。

足の腫れはひどく、靴も履《は》けないほどでした。親しくなった看守が移動の日に、

杖の代わりにと言って手ごろな棒をプレゼントしてくれましたが、警護兵は「おれたちを殴って逃亡に使う凶器だ」と言って、それを持つことを許しませんでした。しかし移動するにも靴が履けませんので、廊下の掃除をしていたときに使っていたボロ雑巾を足に巻きつけて、紐で縛《しば》って靴を提げて移動することになりました。ハバロフスクの駅から十時間ぐらい列車で走り、イズベストコーワヤという駅で降ろされました。

あの屈辱的な十時間は忘れられません。髭《ひげ》をぼうぼうと生やし、足にボロを巻き付けて、戦車兵の着る油で滲んだ古い綿服を着せられて、二人の警護兵に守られて行くのです。私は車掌室のような小部屋に押し込まれましたが、列車に乗っている一般のロシア人たちが私を横目でチラチラと見ます。穴があったら入りたいというような屈辱感を初めて体験しました。

イズベストコーワヤの駅で降りると、今度はトラックで山の中を三日間かかってウルガルというところに運ばれました。トラックによじ登る気力も体力もない私を二人の警護兵が抱えて、ちょうど豚の子を投げ入れるようにポーンとトラックに投げ込みました。それから寝藁《ねわら》のような少し乾燥した草を投げ込んできました。九月も終わりになると零下五度、六度になります。あの薄着の体で三日間の旅がよくもったものだと今にして思います。

こうして山の中にある六百三強制労働収容所（ラーゲリ）に送られたのが、九月の終わりのころでした。私はもう歩けなくなっていました。収容されたのは日本人と中国人の住んでいるバラック。そこに四、五十人がナールという両脇に棚があって、真ん中に柱があり上下二段になっている四人一組の寝台で暮らしていました。寝台の幅は一メートル二十センチほど。ここに二人が寝るのです。下手に寝返りを打てば落ちてしまう狭《せま》さです。下の段はもう埋まっていましたので、

「上へ登れ」

と言われました。けれど、そこまでよじ登る気力も体力もありません。結局、室内にある小さい煉瓦《れんが》作りのペチカ（ストーブ）の傍《かたわ》らに陣取ることにしました。

そこには顔見知りの人も多くいて、ヘイジョウで一緒に裁判を受けた二人の日本人も収容されていました。久しぶりに日本人と会ったものですから私は日本語で話

したいと思いました。しかし、誰一人近寄ってくる人はありません。私が収容されたときには皆作業に出ていました。帰ってくるとその日のことを話しながら明日の仕事の準備をしています。私は邪魔になったらだめだと思い、ストーブからも遠ざかって部屋の隅っこで足を投げ出していました。その足をまたいでいく人はありますが、「どうだ、どうした」と聞いてくれる人は誰もありませんでした。

私の腎臓の具合は悪く、二、三十分置きにトイレに行きたくなります。しかしトイレは建物の外にあって、百メートルくらい歩かなければなりません。元気な人間でも結構な距離だというのに、私は凍った土の上を手が凍りつかないようにボロ切れを握り締め、這《は》って移動するのです。そうすると間に合わずに漏らしてしまう。囚人には着替えはないし自然に乾燥するのを待つしかない。それの繰り返しで、自分でもいやになるほどの臭いでした。

私はそのとき、もう二、三日もすれば死んでしまうのではないかと覚悟を決めました。ですから手向《たむ》けとして日本語が聞きたかったのです。「どうだ」という一言でよかったのですが、どうせ死んでしまう人間だろうと思われたのか、誰一人声をかけてくれませんでした。同胞なのにずいぶん冷たいものだとそのときは思いました。

しかし、あとになって冷静に振り返ってみると、違う考えが浮かんできました。あのときは全員が自分だけはなんとか生き延びたいと思っていたのです。人の話など聞いている余裕もなかったのでしょう。それを求めるのは甘えすぎていたかもしれない。そう思うようになりました。

その収容所では、食事をもらうには自分で食堂に行って、食事の時間に自分の名前を確認してもらう必要がありました。しかし、私は歩いて食堂まで行くことができませんでしたから、一週間ほどは部屋から出られず、したがって何を食べていたか覚えがなく、水ばかり飲んでいたように思われます。

そのころが一番苦しかった時期です。トイレに行くのにも四つんばいで、いも虫同然のもがき方でした。もうだめだと何度も思いました。目をつぶると母の姿がすっと見えるのです。はっきりとは見えません。うっすらと見える。しばらくすると、今度は妻の姿が見えました。それから乳飲み子がすうっと私の前を通りました。幻を見たのです。

「これで見納めだなあ。もうおしまいだ。もういつ死んでもいい」

そう思いました。泣こうにも涙も出ません。涙すらも涸《か》れ果ててしまって、気抜けしたような感じでした。

そのような状態で二日ばかりが過ぎました。あるとき腰の曲がった中国人が私のところにやってきました。私たちの部屋の住人たちは作業班の仕事で出払っていましたから、同じ部屋にいる中国人ではありません。おそらく私の噂を聞いて、どこからかやってきたのだろうと思います。

その老人はコップ代わりの黒く焦げた缶詰の缶にいっぱい、あったかいお湯を持ってきてくれました。それまで一週間ほど水ばかり飲んでいたので、温かいお湯をもらったときに甘く感じました。お湯があんなにおいしいものだと思ったことがありません。しばらくすると、今度は自分の食べ残しか何か、飯盒《はんごう》のような入れ物の底に少しばかりスープが残っているものと、一切れのパンを持ってきてくれました。

そして、

「クーシャイ、クーシャイ（食べろ、食べろ）」

とすすめてくれるのです。長い間食べなかったパンとスープをもらって口に入れたときのあのおいしさ。何も思わずにそれを口に運ぶのですが、涙が先にこぼれてしまいました。ありがたかったです。

彼は中国語で質問をしてきましたけれども、私は中国語はわかりません。一方、彼には日本語が通じません。ですから、少しばかり覚えがあるロシア語と手まねで話をしました。人間というものは、困ったとき、苦しいときには簡単に死というものに妥協《だきょう》してしまいます。気持ちはすっかり乾ききって、涙すら出ません。私もあのとき、ああ、こんなことなら死んでしまったほうがいいと思っていました。しかし、あの老人から少しばかりの食事をもらって、多少なりとも生きているという気分が湧いてくると、しぶといものです。なんとかして生きていたいと思うようになりました。

あの老人が誰で、その後どうなったのかは知りません。しかし、あのときの施しがなければ私は生きていなかったでしょう。紛《まぎ》れもなくあの老人は私にとっての命の恩人であったと思います。

衰弱する体

収容所に着いてから十日ほど作業に出ていなかった私は、それが見つかってひどい叱責を受けました。

「どうして作業に出なかった」

と厳しく問われるので、

「病気だから出られない」

と答えました。そうしたら医務室で決着をつけると言われ、医務室に連れていかれました。


ソ連の身体検査というのは、ズボンを脱がされて臀部《でんぶ》の肉をつまみ、弾力性があれば合格。重労働ができると見なされます。しなびた梅干しのような尻っぺたであれば衰弱と決められます。私は衰弱していましたけれども、体全体が異様に腫れていましたから皺《しわ》は寄っていません。見た目は健康体なのです。体温を測っても平熱です。ソ連では、いやラーゲリ（収容所）ではと言うべきでしょうか、熱がなければ病人とは見なされないのです。

「ツエムリヤント、ツエムリヤント、ナラボート、ナラボート（仮病《けびょう》者、仮病者、作業だ、作業だ）」

そう言われて私は追い出されました。

〝ツエムリヤント〟というのは初めて聞くロシア語でしたが、今でも忘れられません。〝仮病者〟のこと。そして〝ナラボート〟とは〝作業〟という意味です。

仮病者の烙印《らくいん》を押された私は、医師から、

「どこが痛い」

と冷たく言われました。

「このへんが痛い」

と指さすとそこにヨードチンキを塗られただけで、

「仕事だ」

と足で蹴散らすようにして追い返されました。しかし、どうして仕事に出られましょうか。歩くこともできないというのに……。結局、私の訴えは受け入れられることはありませんでした。

私は朝鮮から連行されたものですから、朝鮮人の作業班に編入されました。日本人の班ではありません。不思議なことに、日本人と中国人は一つの班で仲良く働いています。朝鮮人は別の班です。朝鮮の人たちは朝鮮の人たちとだけ働いていました。これはどうも民族の融和性の相違が原因のようでした。

また日本の軍隊では四列縦隊に並びましたが、ロシアのラーゲリでは五列に並びました。五人ずつだと勘定がしやすいからです。ソ連の兵隊は無学者が多かったそうです。ロシアには九九というものがありませんし、五人、十人、十五人と数えればやさしいものですから五列縦隊に並ぶのです。朝鮮人の作業班に入れられた私は、歩けないものですから列のちょうど真ん中に入れられて、両脇から支えられる形で仕事場まで行きました。

凍った川原を渡って対岸まで行って、氷を割り、氷の下に隠れている凍った砂を掘り出すのです。生易しい仕事ではありません。凍った砂は氷よりも割れにくい。ソ連にはツルハシがありませんから、二メートルほどの鉄の棒を使って氷を割って、下の砂を掘り出す。二、三回も振ったらめまいがして倒れそうになります。掘り出した凍った砂を砕いて篩《ふるい》にかけて一立方メートル積み上げるのが一日のノルマです。

しかし私は十センチも掘れませんでした。ノルマを達成できなかった者は罰則として減食。少しばかり仕事をした者は半分ばかりもらえることになっていました。私のように十センチもできなかった者は一番少なくて、みんなの三分の一ぐらいの小さなパンしかもらえません。

「クト　ニェラボータェト　タオニェクウシヤイユト（働かざる者は食うべからず）」——これがラーゲリに掲げられた標語でした。働けない者は死ななきゃならないのです。弱っている者はますます弱ってしまうのです。このように真綿で首を締められるようにして死んでいくよりも、ばっさりやられたほうがいいと思ったことは数知れません。

ある日、例によって両脇を抱えられて作業に行くとき、たまたま脇を抱えてくれた人から思いがけない話を聞きました。その人は、

「蜂谷さん、あんたは安岡に騙《だま》されて大変な苦労をするね」

と言ったのです。さらに、

「私は未決監房に安岡と一緒に裁判までいたのだが、安岡は自分で元日本軍の特務機関の者だと言っていましたよ」

そう話しました。にわかには信じられませんでした。よしんば特務機関員であったとしても、未決監房で本当のことを易々《やすやす》と打ち明けるだろうかと疑いました。その人によると、安岡は取り調べのたびに食べ物の饗応《きょうおう》を受けていると同室の者に自慢していたそうです。

そんなことはあったのかもしれないと思ったりしましたが、その真偽が明らかになったのはずっとあとの平成十一年になってからでした。私のスパイ容疑がでっち上げであることの裏づけをとるためにロシア側の検察官とともに調書を読み直した

とき、安岡が終戦の翌年、昭和二十一年の春に日本本国から派遣された元特務機関員であったことが明記してあったのです。

さのさ節を歌い、死んでいった同胞

足が悪いので、作業に出るときに私はいつも自分の足元を見て歩いていました。まわりの景色なんか見る余裕がありません。あるときのこと、いつものように歩いていると、突然マンドリン銃の発射音が響き渡り、一人の囚人が射殺されてしまいました。それは私と同じような歩行困難な年寄りの囚人でした。

どうして撃たれたのか。それはこういう理由です。その年寄りの囚人がよろよろと歩くために作業場に行くまで時間がかかってしかたがない。そのために作業がはかどらない。そこで警備兵がその囚人の帽子をとって遠くに投げたのです。零下四十度の寒さですから防寒帽がなければ耐えられません。老人は慌てて拾いに行きます。それが逃亡と見なされ撃たれてしまったのです。

人間の扱いではありません。邪魔になるから殺してしまう。列にいるところを殺すわけにはいかないから、帽子をとって投げて、それをとりに行くときに撃つのです。

その撃たれた老人の亡骸《なきがら》は明くる日も、その明くる日も、倒れたまま放置されていました。見せしめのためです。しかし、あのとき私は、撃たれたあの老人が羨《うらや》ましくてなりませんでした。ああ、僕もあのように殺されてしまったほうがいいかもしれないな、そう思いました。本当に、あのときほど羨ましかったことはありません。

そのうち、とうとう私も身動きがとれなくなってしまいました。検査の結果、〝オッペ〟という衰弱囚人の班に入れられることになりました。衰弱囚人班も日本人と中国人は一つの部屋に入れられていましたが、朝鮮人は別の部屋でした。

あるとき、寝台の上段で私の横に寝ていた人が宵《よい》の口から毛布をかぶってさのさ節を歌っていました。さのさ節、ご存じでしょうか。酒を飲むときに歌う歌です。

人は武士
気概は高山彦九郎《たかやまひこくろう》
京の三条の橋の上
遙《はるか》に皇居をネー伏拝《ふしおが》み
落つる涙は加茂の水
サノサ

というような歌。私もいい気になって、その人に合わせるようにして歌いました。苦しい悲しい思いを少しでも消したかったのです。ところが、朝になったらその人はもう冷たくなって死んでいました。

なんということでしょうか。故国の自然を思い出し、妻を思い出し、子供を思い出し、故郷の町を思い出しながら、さのさ節を歌って静かに息を引き取ったのです。あれほど心をえぐられる出来事はありませんでした。あれほど悔しく、あれほど悲しいことはありませんでした。

歌と言えば、ヘイジョウの未決監房にいたころの話にこんな思い出もあります。前にお話ししたように、朝鮮人たちは着るものも食べるものもたくさん差し入れを受けていました。私には差し入れなどありませんから、いつも気が狂うほど腹が減っていました。皆が食べるのを見ないようにすることはできますが、匂いは遮《さえぎ》ることができません。プーンといい匂いが漂ってくると腸が騒ぎだします。これほどつらいことはありません。そのとき私が声なく歌ったのが白頭山節《はくとうさんぶし》の替え歌でした。

泣くな嘆くな必ず帰る
たとえ火の雨槍の雨
たどりつくぞよお前の元へ（妻の元へ）

この歌詞にある誓いの言葉を嚙《か》みしめ、監房の高い小窓を睨《にら》みつけながら声なく一心に歌い、空腹に耐えたことを覚えています。この歌詞にある妻への誓いは通算五十一年ぶりに実現することになりました。

そんなこともありましたので、さのさ節を歌いながら息を引き取った人の悲しさ、残った囚人の悲しさは骨身にこたえました。

亡くなる人たちは皆、枯れ柴のように骨と皮だけになって、手は虚空《こくう》をつかむようにして死んでいきます。やせ衰えた遺体は裸にされ、四体五体と集まると馬橇《ばそり》で通用門の外に運ばれていきました。

ある日、部屋の窓から外を見たら、看守が薪割《まきわ》りのようなもので遺体の頭をポンポンと殴っていました。なんであんなことをするのかと聞くと、生きているか死んでいるかを調べているのだというのです。カチカチに凍って土気色《つちけいろ》をした枯れ木のような死体の頭を殴ってまで生死を確かめなければならない。そんな非人道的なソ連のやり方を見て、人間はここまで残酷になれるのかと思ったものです。

生きるために選んだ理髪師の仕事

衰弱囚人班の中に、丸々と太ってひどく足が不自由な田村という人がいました。

樺太《からふと》（現在のサハリン）から連行されたという元床屋さんで、ときどき収容所内の理髪所を手伝っていました。炊事の連中と親しくなっていて、食事が終わってから残り物を飯盒にいっぱいもらって食べていました。それを見て私は、いやしい話ですが「これでないと生きていけない」と感心しました。このまま無抵抗のまま死んでしまったら、スパイの汚名も晴らすことができない。それでは犬死にではないか、と思ったのです。

田村さんのように理髪師になれば重労働にも出ず、生きていけるのではないかと私は考えました。けれども、囚人に見習いをさせてくれるはずもありません。何かいい方法がないかといろいろ考えた結果、田村さんが理髪所に行くときについていって、見よう見まねででも覚えようと決心しました。

理髪所で働いている人たちの動作を見ながら、ああするんだ、こうするんだと一つひとつの仕事を覚えていきました。それとあわせて、頼まれもしないのに床に散らばっている髪を掃《は》いたり、ペチカの火加減を見たり、お湯の加減を見たりし始めました。しかし、まるでよちよち歩きの赤ん坊のような格好で動き回っているもの

ですから、

「何をしに来たんだ」

と襟首《えりくび》をつかまれて外に追い出されてしまいました。それでも三分か五分したらまた入っていって、懲《こ》りずに手伝いを始めました。何度も何度も追い出されましたが、ここで諦めたらいかんと思って中に入っていくのです。私にしてみれば生死にかかわることですから必死です。

しばらくすると、私が水を汲《く》んできたりペチカに石炭を放り込んだりしても、理髪所の人たちは黙って見ているようになりました。どうやら私が根比べに勝ったようでした。

ある日、いつものように理髪所を訪れると、若い理髪師が「バリカンが切れない」と言って分解して調べていました。私は近寄って行って、

「研《と》がなければ切れるはずがないじゃないか」

と、つたないロシア語で話しました。すると、

「おまえは研げるのか」

と聞いてきたので、私は即座に、

「やってみる」

と答えました。

引き受けたものの、私にはバリカンを研いだ経験がないし、どうやって研いだらいいものか皆目見当《かいもく》もつきません。田村さんに相談したところ、

「バリカンを研ぐには特別な金属製の研ぎ台が必要なんだ。そんなものはここにはないからやめといたほうがいいよ」

と言われました。しかし、その話を聞いて、

「ああ、それならアイロンの底で研いでみたらどうかな」

と思いついて、アイロンをひっくり返して研いでみました。ところがアイロンに傷がつくだけで一向に研げない。バリカンのほうが硬いのです。

どうしたものか、なんとか研がなくては……といろいろと考えて次に思いついたのはガラスです。少年のころにガラスをナイフで叩いたら、ガラスが割れずにナイフの刃がこぼれたことを思い出したのです。しかし、ガラスをどこから持ってくれ

ばいいのか。おいそれと見つかるものではありません。

一所懸命に考えて、バラックを建てたときに窓にガラスをはめたから、そのガラスの破片がどこかに落ちているのではないかと思いました。さっそくバラックの外に出て窓の下の土を掘って、ようやく手ごろな二枚のガラス片を手に入れました。このガラス片に細かい砂をすり合わせて、すりガラスを作りました。それから灯油を少し手に入れて、すりガラスに垂らして研いでみました。バリカンの刃が偏《かたよ》ってしまっては使い物にならなくなりますから、慎重に慎重に研ぎました。

研いだあとで田村さんに見せて、

「これだけ研いだが、どうでしょうか」

と聞くと、

「そんなものじゃ切れるはずがないじゃないか。刃が鏡のように光るようでなければ切れないいんだよ」

と言われてしまいました。そこで今度は、灯油だけを使って研ぐことにしました。祈るような気持ちで研いでいくと、刃が鏡のように光るようになりました。バリカ

ンを組み立てて自分の腕で試してみると、よく切れます。すぐに理髪師のところに持っていくと、

「切れる、切れる」

ととても喜んでくれました。

それからは理髪所に行っても、もう追い出されることはありませんでした。

それがきっかけとなって、やがて私は、

「バーチャ、バーチャ」

と呼ばれるようになりました。

「私の名前はハチヤだが、どうしてバーチャなのか」

と尋ねたところ、〝バーチャ〟とはロシア語で〝おやじさん〟という意味で、親しみを込めた呼び方なのだとわかりました。

そのうち、収容所の中であまり力を持っていないボス連中が理髪所に来ると、

「顔を剃《そ》ってやれ」

と剃刀《かみそり》を貸してくれるようになりました。剃刀を貸してくれるというのは信用さ

れた証《あか》しです。これはチャンスだと、私は一所懸命髭剃りをやるようになりました。ある日、炊事場のコック長が「頭を剃ってくれ」とやってきました。初めてのことなので大汗をかきながら剃り終わると、そのグルジア人の大男は私の耳元でこう囁《ささや》きました。

「腹が減ったらおれのところへ来い」

私にしてみれば「待ってました」という気持ちでした。しかし、すぐに出かけていくのは気が引けて、しばらく時間を置いてから行ってみると、飯盒に山盛りのカーシャ（硬めのお粥）を入れ、それにヒマワリの種で作った油をたっぷりかけてくれました。とても一人では食べきれないような量です。これだけの食べ物があればなんとか生きていける――。希望が少しずつ膨《ふく》らんできたように思いました。

囚人病院で体得した指圧の技術

しかし、半月あまりたって理髪師の仕事が波に乗ってきたころ、私は高熱を出してしまいました。体がブルブルと震えて止まりません。また仮病者と言われるかもしれないとは思いましたが、医務室に行きました。そうしたところ、即日入院させられました。このときは私でも入院させてもらえるのかと、少々意外な感じがしたことを覚えています。

病院は収容所から大分離れたところにありました。四人の病院です。私はものすごい高熱で、あとで聞くと看護人がびっくりするほどだったそうです。看護人は最初、私が故意に体温計の度数が上がるようにしていると疑い、両腕をしっかりとつかまえていました。

結局、その病院には六か月あまり入院することになりました。病気が治ったあとも留め置かれたのです。というのには、わけがあります。

その病院にも理髪師がいて、病室の囚人連中の髭を剃っていました。彼のところにはあちこちの病室から囚人たちがやってきました。私はなんとか理髪師に近づこうと考えて、頼まれもしないのにハケを持って石鹼《せっけん》の泡塗りをしたり、剃りやすくなるように顔のマッサージをしたりといった手伝いを始めました。するとあるとき、

理髪師が、

「おまえ、髭を剃れるか」

と聞いてきました。

「剃れます」

と答えると、

「それなら剃刀と道具を一式医務室に置いておくから、病人と医務室の連中の髭を剃ってやってくれるか。おれは外のほうの仕事で忙しい」

と言って、二丁の剃刀を置いていきました。これは天から授かった機会だと思いました。私は毎日毎日、体の調子のよいときを利用して一所懸命に髭剃りをやりました。

病院には日本人の患者もたくさんいました。私は一人の日本人と仲良くなりました。窓から病院の中庭を見ていると、あまり体の大きくない六十歳ぐらいの日本人がいつも食後に早足のウォーキングのような運動をしているのです。それに興味を覚え、またその人の軽い足取りが羨ましく思われて、あるとき近づいて話しかけてみました。

その人は樺太から連行された漢方医で、橋本という人でした。この橋本さんと親しく話をするようになり、ツボや指圧療法のことを詳しく教えてもらいました。長い刑期を生き延びるために役立つに違いないと考えて、根掘り葉掘り聞こうと私が質問をすると、橋本さんも一所懸命に教えてくれました。

私は習った指圧を病人相手に試してみました。教えられたツボを押さえてみて、どういう反応があるかを確かめてみたのです。そのあとで、

「こうやってみたけど、うまくいかなかった」

と橋本さんに言うと、

「それはあなたのやり方が悪い。そのツボはこっちのほうだ」

と丁寧に教えてくれました。ツボを探すのは本当に難しいものです。最初に肩のツボを教えてもらって、自分で探してみろと言われました。

「脳まで響くだろう。そこが正しい位置だ」

と教えられて、ここがそうかと一つひとつ覚えていったのです。

この病院では、私はとてもいい時間を与えられました。患者のマッサージや指圧をしたり、髭剃りをしたり、薬配りを手伝ったり……。それで重宝がられて六か月あまりいることができました。

また、この病院ではゲナージ・シードロビッチというウクライナ人と、もう一人リトアニア人の囚人の医者に助けられました。ウクライナ人のシードロビッチという人には大変世話になりました。あの人のおかげで特別栄養食ももらえるようになり、だんだんと体が丈夫になっていきました。まだ完治したとは言えませんでしたが、歩くのも不自由しなくなりました。彼らには今でも感謝しています。

しかし、いいことはいつもあまり長くは続きませんでした。六か月後、囚人病院を退院した私には新たな試練が待ち構えていました。

第三章

望郷の思い

シベリアおろしの夜は更けて

【扉写真】　一九五五年二月十五日、日本へ帰国する人に託した写真。写真の裏に次の短歌を記す。
〝かにかくに　母なる人は　忘れまじ　オロシヤのくにに　囚われの身は〟

マガダンまでの地獄の旅路

ある意味では幸せであった病院生活は、突然終わりを告げました。私は退院を命じられ、病院のある山の中から出されて四、五か所ほどの収容所を転々とし、最後に間宮《まみや》海峡（樺太とロシアとの間にある海峡）の対岸にあるソベッカヤガワニ——日本語に訳すと「ソ連の港」という意味——という収容所に送られました。

四、五か所の収容所にいるとき、私は生きていくために日本人理髪師として自分を売り込まなければならないと腹を決めていました。どこの収容所へ行っても積極的に理髪所に出向いて手伝いをしました。腕も大分上がったと思います。

田村さんからは、

「髭を剃るときには顔にハエが這《は》っているように、感触がないかのごとく剃るのが一人前だ」

と聞かされていました。私はどうしたらハエが這うように剃れるかと一所懸命に考え、練習を繰り返しました。なんとか理髪師としての技術を上げて、それを役立てて生き延びたいという一念でした。

ソベッカヤガワニの収容所は、囚人を集めて労働力として北の果てにあるマガダン流刑地《るけいち》に送る拠点でした。そのため、いつも万という数の囚人が送られてきていました。この収容所の周囲は板塀《いたべい》ではなく、幾重にも張り巡らされた厳重な鉄条網《てつじょうもう》によって外部と仕切られていました。

囚人を収容する建物はボスたちが子分たちと陣取っているため、私たちはその中で夜を明かすことはほとんどなく、野外に寝かされました。着るものがほとんどないため、軒下に隠れて夜を明かすのが一番の方法でしたが、たいがいは屋外で過ごしました。夜中にトイレに行こうと立ち上がって歩きだすと、ものすごい威嚇《いかく》射撃が始まります。そうすると囚人たちは地面にへばりついて弾《たま》を避けるしかありません。そういう中で二か月ばかり過ごしました。

そのうち人数が集まったところで——正しく言えば、人数ではなく個数です。囚人は人として数えられていませんでした——囚人輸送船に詰め込まれました。もともとは貨物船なのですが、入り口に一メートル四方の小さな穴があります。そこにワイヤーロープの梯子《はしご》があって船倉まで五メートルほど降りていくのです。しかし、上から次々に詰め込まれるものですから、まともに梯子をつたって降りることができずに、たくさんの人が船倉まで落ちてしまいます。私は病気でまだ足の自由も完全にはききませんでしたが、なんとか落ちずに船倉に近づくことができました。

船倉の中は蚕棚《かいこだな》のごときでした。三段になった棚が寝床代わりです。一番下の段は真っ先に誰かが陣取ってしまいます。囚人たちはぎゅうぎゅう詰めにされて、ちょうど刺し身の切り身のようにずっと並んで寝ていました。トイレに行こうとすればもう同じ場所には再び入れない。そういう状況です。

船倉には小さな薄暗い電球がともっていましたが、それが人いきれで青く光ります。表現のしようもないほどの凄惨《せいさん》な眺めでした。船が揺れるたびにトイレ代わりの樽がひっくり返って、そこから汚物が飛び出して糞尿の臭いが漂っていました。

そういう場所に四、五千人の囚人が詰め込まれるのです。その状態で一週間以上もかかって、ようやくマガダンの港に着きました。船倉から首を出したときは、ああ、生きていると実感しました。外の空気を吸ったとき、生まれて初めて空気のおいしさを知りました。

マガダンの港に着くと、まず消毒風呂に入れられました。それが終わると囚人服を着せられますが、そのときに布に書いた番号がつけられます。人間としての名前はそこで抹消《まっしょう》され、私たちはただの番号となります。機械みたいに番号で呼ばれます。呼ばれて、

「誰それが来ました」

と名前を告げても向こうには通じません。また、聞いてもくれません。何百何号のAの何番、Bの何番と言えば、それでわかるのです。私の番号もありましたけれども、もう忘れてしまいました。

囚人服を着た私たちは、港からマガダンの中継刑務所まで八キロから十キロほど歩きました。ありがたいことに私は各収容所で理髪師の手伝いをしていたため、一人前に歩けないことを囚人仲間は皆知っていました。ですから、私を列の先頭に入れてくれました。

私は皆と同じ速さで一緒に歩くことはできませんから、少しずつ後退していきます。最後尾まで下がると軍用犬が嚙《か》みついてきます。みんなについていくことができず絶体絶命というときに、恰幅《かっぷく》のいい二人組が私の首筋と袖口《そでぐち》を引っ張って、引きずるようにして中継刑務所まで連れていってくれました。その人たちのことは今でも忘れません。リトアニア人の医師と建設技師でした。あとで仲良くなりましたが、一か月ほどしてからどこか奥地の収容所に送られてしまいました。奥地に送られれば、ほとんどの囚人は生きて帰れないという噂でした。

理髪の技術で救われた命

夜遅くにマガダンの中継刑務所ペレセルカ・ラーゲリに着きました。一つのバラックに囚人は詰め込めるだけ詰め込まれました。最後に入ったのが私です。カーメラの戸を外側から釘付けにする音が聞こえてきて、囚人としての扱いをしみじみと感じました。そのとき腎臓結石の痛さに苦しんでいた私は、この雑踏《ざっとう》の中から逃げ出すために縁の下に隠れて夜を過ごしました。

明くる日、人員点呼で一人足りないということで捜索が始まって、縁の下にいるのが見つかってしまいました。私が腎臓結石の痛さを訴えると、幸運にも医務室に連れていかれ、人間らしくベッドの上に寝かせてもらえました。白系ロシア人の男性の介護士が日本語で話しかけてくれました。ここではいろいろな治療も受けることができました。注射もしてもらいました。

そのマガダンの中継刑務所には理髪師として働いていた東洋系のアルメニア人がいて、私が医務室にいる間に、

「移動してきた囚人の中に理髪師がいないか」

と言ってバラックへ尋ねてきたそうです。するとみんなが、

「日本人の理髪師が医務室にいる」

と私のことを彼に教えてくれました。それまで理髪師として売り込んでいた甲斐《かい》があったのです。

そのアルメニア人はセルゲイという人でしたが、私のところに十丁ばかりの剃刀

を持ってきて、

「これを研いでくれ」

と言いました。見たところ、かなり使い古した剃刀でした。

「この剃刀は砥石《といし》で研いだだけでは髭は剃れないな。鉛筆を削るくらいがせいぜいだろう」

と私は答えました。

「どうすればいいんだ」

と聞くので、

「中すきをして刃を薄くすれば使えるようになるかもしれない」

と言いました。

私がまだ十四、五歳のころ、父が剃刀が切れないというので中すきをしてもらってよく切れるようになったと喜んでいたのを思い出したのです。子供心の好奇心と言いましょうか、父のいないときに剃刀を出してみて、ああ、これが中すきということかと知りました。ですから、その使い古した剃刀を見たとき、中すきをしなければだめだとすぐにわかったのです。

セルゲイは言いました。

「どうしたらいいんだ。君はできるのか、できるならやってほしい」

私は中すきをしたことなどありませんでしたが、生き抜くためにはここでなんとかしなければならないと思いました。腎臓結石の激痛に苦しんでいるときでもあって、もしコリマ（マガダンの奥地）の炭坑に送られたなら、私の健康状態では一年はおろか半年ももたないことは火を見るよりも明らかでした。

マガダンから奥地に行けば私の命はない。どうするか、と十分に思案した挙げ句、

「回転する丸い砥石があればできる」

と返事をしました。

するとセルゲイは囚人の鉄鋼所に私を連れていき、旋盤工《せんばんこう》を紹介しました。

私が中すきに必要な道具を説明すると、旋盤工は旋盤機に丸砥石を取りつけたものを作ってくれました。私は父の研ぎ上がった剃刀を見ただけで、それを研ぐ工程を見たわけではありません。ですから、どのような道具を使って研ぐのかは知りま

せん。ただ、こうやればあんなふうに研げるのではないかと頭の中で考えて、それを旋盤工に伝えたのです。

旋盤工は、

「剃刀を機械に直接当てて削ったほうが早いじゃないか」

と言いましたが、それでは剃刀が熱せられすぎて鋼《はがね》がだめになってしまうかもしれない。どうしても自分の指で熱さをコントロールして、少しずつ慎重に研いでいかなければならないと考えました。

慎重に進めていったため、最初の一丁を研ぐのに三時間もかかりました。生まれて初めてやるのですから、手も震えますし、足も震えました。ときどき腎臓結石の痛みも襲ってきます。それで三時間もかかったのですが、できあがった剃刀は自分で考えてみても最高の仕上がり具合でした。そのときの剃刀は今でも記念に持っています。

中すきの終わった剃刀をセルゲイに見せると、とても喜んでくれました。それから、

「どうだ、おれと一緒に仕事をしないか」

と誘われました。

渡りに船の申し出ではありましたが、私はスパイとして収監されている身なので、ここでは理髪師にしてもらえないかもしれない。そう答えると、セルゲイは、

「当たってみよう。許可が下りたら仕事をするか」

私は特に何とも答えませんでしたが、もちろんそのつもりでした。

一時間ほどして彼が笑顔で戻ってきました。

「許可が出たから早く医務室を出て仕事をしようじゃないか」

と言うのです。それから、

「剃刀とバリカンはあるから櫛《くし》だけ作ってこい」

と。

髪をとかすときの櫛をロシアではアルミニウムで作らなければなりません。消毒のために器具をアルコールランプで焼くためです。そこでまた鉄鋼所に行って、親しくなった旋盤工に、

「櫛を作りたい」

と言うと、

「いい材料をやるから」

とプロペラの破片を持ってきてくれました。これで作ればいい櫛ができると言うのです。

しかし、プロペラの破片ですから厚みがある。それを切って櫛の形にしなければならない。今ならいい機械がありますけれども、あのときはすべて手作業です。金《かな》鋸《のこ》でようやく十本ばかり櫛の歯を切ったと思ったら一本が折れてしまって、なかなかうまくできません。

いろいろ考えて、材料を板で挟《はさ》んで万力《まんりき》で締め、次に板の上に鉛筆で櫛の歯の形に筋をつけて、挟んだ板と一緒に切るようにしました。この方法でようやく櫛らしい形の櫛ができあがりました。この櫛も日本に持って帰ってきました。それを作ったのはもう六十何年も前になりますが、私の命を救ってくれた櫛だと思って今でも大事に保管しています。

櫛を作り上げて道具がすべて調ったので、その翌日には理髪師として所内の理髪所に仕事に行くことになりました。理髪所はバラックから二百メートルほど歩いたところにありました。その道中、私は思いっきり泣きました。どうしてそんなに涙が出るのか、自分でも不思議でした。しかし、奥地に行けば間違いなく死んでしまうというその一歩手前でなんとか踏みとどまれたと思うと、泣けて泣けてしょうがなかったのです。

また、その前日までは汚いズボンをはいていた私が、アイロンのかかった新しいズボンをはいて、真っ白のワイシャツを着て、ネクタイを着けている。上着の背中には番号があるものの、仕事中に上着を脱いでしまえば膝に番号がついているだけですから囚人には見えません。そんな格好で仕事に行けることが幸せでした。

きっと一般の囚人たちは羨望《せんぼう》の目で見ていたことでしょう。あの人たちは泥だらけになって雨の日でも仕事をしなければならないのです。それなのに私はきれいな格好をして、暖かい部屋で働いて一日を終えることができるのです。これ以上の幸せはありません。

何よりも食事が天と地ほどの違いでした。理髪所には特別な用務員がいて、理髪師のために炊事場に食事をとりに行きます。理髪師と炊事場は親密な関係にあったため、理髪師は他の囚人たちとは違うものを食べることができました。理髪師になることで生き延びることができるのではないかという私の考えは間違っていなかったのです。

最後通告が下る

理髪所で最初に私の席に座ったお客さんは少佐の徽章を着けた恰幅《かっぷく》のいい人でした。

散髪は櫛と鋏《はさみ》を使ってやりますが、すでに述べたように私はそのやり方を正式に習ったことがありません。収容所内の理髪所で見よう見まねで覚えた知識に、日本の理髪店で散髪してもらったときの鋏のシャカシャカシャカシャカという音、櫛が静かに上がっていくイメージを思い出しながら、大汗をかいて形を作りました。

整髪が終わると髭を剃って、顔のマッサージをしました。ここでなんとか注目されることをしなければだめだと思いました。理髪の仕事は初めてやるのですから、至らないところがたくさんある。それをごまかすために肩のマッサージをしようと考えました。囚人病院で橋本さんに教えられた、あのピリッと響く肩のツボを思い出し、そこを押さえて揉《も》んでみました。それがものすごく好評でした。そのうち、

「腕のいい日本人の理髪師がいる」

と、所内だけではなく、町の理髪所でも評判になったそうです。散髪したあとで肩を揉むということは、それまで誰もしていませんでした。それを日本人がやったということで評判になったのです。

その最初のお客さんはほとんどしゃべりませんでしたが、整髪をして髭を剃り終わると私の顔を見てにっこりと笑いました。この人は誰だろう、と思いました。理髪所に来るロシア人の大半は、

「罪人のくせに」

という目つきで私を見ました。ところがその人にはそんな様子は微塵《みじん》もなく、笑

顔まで向けてくれたので私は驚いてしまったのです。

あとでわかったのですが、この人はマガダン中継刑務所の副所長でした。そして私は、この人のおかげで命を助けてもらうことになるのです。それはこういうことです。

ある夜、私は取り調べのために呼び出されました。判決はとうに下り、刑が執行されている最中であるというのに、いまだ取り調べは続いていたのです。相変わらず私が無実を主張し続けていて、KGB（カーゲーベー＝国家保安委員会）の納得する答えをしていなかったためです。なんとかして私に罪を認めさせるための取り調べだったのです。

「おまえは元朝鮮にあった日本軍の秘密機関の少佐であることがわかっているんだ。それを認めてサインをしろ！　サインをすれば取り調べを打ち切る」

罪を認めない私に取調官は言いました。私がサインを拒み無実を主張すると、取調官は激怒し、怒鳴り散らしました。

「おまえはまだ無実と言い張るのか！　スパイには理髪師としての資格はない。おまえを理髪師の仕事から追放する。インジギルカで腐《くさ》り果ててしまえ！」
恐怖の宣告でした。
インジギルカというマガダンの中腹部から北極洋に流れ出る川があります。その
インジギルカという川の中ほどに鉱山がありました。タングステン、亜鉛を掘る鉱
山です。見たことはありませんが、話には聞いていました。噂では、五百メートル
の地下の坑道に降りて行って手掘りで鉱石を掘っているという話でした。そして地
下に降りるエレベーターには囲いも何もない。ただ台があって、その上に乗るだけ。
囚人たちはこぼれ落ちないように台の上で必死にバランスをとらなくてはならな
い。一人の囚人が落ちて亡くなったという話も聞いていましたし、ここへ送られた
囚人は九九パーセント死んでしまうと言われていました。
その取調官は私に、
「おまえをインジギルカへ送る。あそこで腐り果ててしまえ！」
と言ったのです。私はついに最後通告を受けてしまったのです。

副所長の好意

明くる朝、少しばかりの私物の荷物を整えて私は通用門で出発を待っていました。もうインジギルカで死んでしまわなければならないんだと、すっかり諦めていました。

そこへちょうど副所長が通りかかりました。

「ここで何をしているんだ？」

と聞かれました。私が、

「インジギルカへ行くことになりました」

と言うと

「誰が言った？」

「取り調べのときにそう言われました」

と答えると、副所長は、

「おまえの仕事場はどこだ。そこへ戻って仕事をするんだ」

と怒ったように言って通り過ぎてしまいました。

私は副所長の言葉に従って、おそるおそるセルゲイのところに行きました。

「また仕事に来ましたよ」

と言うと、セルゲイも喜んでくれました。しばらくすると副所長がドアを開けて入ってきて、私が仕事をしているのを見て、安心したように出ていきました。この副所長が何らかの話を通してくれたようで、私をインジギルカへ送るという話は立ち消えになりました。

それ以来、副所長は私に目をかけてくれるようになりました。あるときは、

「昼は仕事が忙しくて髭剃りができないから、夕方うちに来て剃ってくれるか」

と言われました。

「はい。喜んで行きます」

と答えると、夕方に警護兵が私を迎えに来て、副所長のところへ連れていくと言いました。すると驚いたことに、副所長自身が看守のいる通用門まで迎えに来てくれていました。

髭を剃ったり、散髪をしたり、マッサージをしたり、指圧をしたり、私はたびたび呼び出されるようになりました。ある日は仕事が終わって帰ろうとすると、奥さんの手料理で一緒に夕食をしようと誘われました。私がどうしたらいいか迷ってその場に突っ立っていると、笑顔で、

「お座りなさい」

と椅子をすすめてくれました。彼は私と話すときはいつも笑顔でした。

ロシア語で〝サジース〟というのは「座れ」という意味ですが、そのとき副所長が口にした言葉をよく考えてみたら、

「チェロベーク　イズ　スタラナ　ウォスホジヤシイ　ソンツエ　サジーチェシ
(日出《い》ずる国の人、お座りなさい)」

と言われたようでした。私は足が震えるほどびっくりしました。本当にそう言ったのだろうかと耳を疑いました。それまでに囚人を「日出ずる国の人」と呼んでくれる人など誰一人としていませんでした。

奥さんも笑顔で、

「サジーチェシ　サジーチェシ　ダワイチエ　ポクーシヤエム（お座りなさい、お座りなさい。さあ食べましょう）」

とすすめてくれました。

テーブルにつくと、副所長がウォッカの瓶《びん》を持ち上げました。私は囚人ですから、

「ウォッカはだめです」

と断ると、奥さんが、

「しきたりだから、受けるだけは受けなさいよ。唇をつけただけで、形式的に乾杯したことになるでしょう」

と言いました。

ああ、乾杯するのかと思いました。

この人は司令部の人で、しかも副所長です。一方の私は囚人で、外国人で、スパイの容疑者です。それなのにこんなに歓待してもらった。そして食事が終わったら通用門まで送ってくれるのです。そんなことで、この副所長には刑が明けるまでずっとよくしてもらいました。

不思議なことがありました。それまで収容所の中にあった理髪所が柵外《さくがい》に新しく建てられ、そこでは一般の人たちもお客として受け入れて、料金をとってサービスをすることになったのです。そして、売上金を司令部に納めると、その金額によって一日の減刑になるというシステムが取り入れられました。これに副所長が関与していたのかどうかは知りません。しかし、刑を軽くするなどということを考える人は、あの副所長しかいないようにも思えます。

この副所長はときどき理髪所の椅子に座って、あたりに人気のないのを確かめてポケットから手帳を取り出し、笑顔を浮かべて小さな声であとどれだけ刑期が残っていると私に教えてくれました。そのとき、わがことのように嬉しそうな顔をしてくれるのでした。

正直に言えば、はじめのころ私は副所長の好意を疑いました。国家保安委員会（ＫＧＢ）の取調官が笑顔で食べ物をすすめたり、気持ちが悪くなるほどの親密さで近寄り親友のような態度や言葉で話しかける裏に、何かを探り出そうとする狡猾《こうかつ》さが隠れていることを経験として知っていたからです。無実の罪で生死の淵《ふち》をさまよった私には、彼らの眼光の鋭さを見て、その本心を察知できるほどになっていました。そのため副所長も取調官と同じだと思ったこともありましたが、人目のないところで見せる副所長の笑顔は心の底からの偽りのない笑顔だとわかり、疑って申し訳ないとひそかに思いました。

新設された理髪所で私は一所懸命に働いて、三年の減刑を稼ぎました。十年だった刑期が七年に短縮されたのです。理髪とマッサージの技術はここでも私を助けてくれました。

出所の日、私は副所長宅に招かれ、出所祝いをしていただきました。そればかりか、さしあたっての必需品だと言って、食器、湯沸かし、肉を挽《ひ》く手動ミンチ器などをもらいました。

「生活に困ったらいつでも来なさい」

と、ありがたい言葉までかけてもらいました。しかし実際には、私が副所長の家を訪れる機会はありませんでした。刑が明けて出所したとしてもスパイ容疑者としてパスポートに明記されていますから、二度と副所長宅には行ってはならないと思ったのです。いくら生活に困っても、いくら親切に言ってくれた言葉であったとしても、行けばそれが世間に知れて、保安当局から国家反逆の汚名を着せられないとも限りません。

ソ連の鉄のカーテンの陰には、〝憐憫《れんびん》の情〟〝人道的〟などの言葉はありません。彼らには情も涙もありません。主義遂行のためには、親でもわが子でも抹殺《まっさつ》してしまう国状なのです。副所長がそんな目に遭うことを思えば、決して行ってはならない。私はそう誓いました。

私も安岡という人間を憐《あわ》れんで食事に招いたことによって生死の淵をさまよう羽目になりました。政治犯収容所にいた何万人もの人たちが同じような無実の罪に泣き、あえない非業《ひごう》の死を遂げていったのです。副所長夫妻をそんな目に遭わせてはいけない。私はそう思ったのです。

それにしても、あの副所長がどうしてここまで私によくしてくれたのか、その理由は今もわかりません。でも、その力添えがあったからこそ私は生き延びることができた。それだけは間違いありません。

募る不安

刑期が明けて、私は生きていくためにマガダンの町にある国営理髪所に就職願いに行きました。最初は外国人であるということで断られましたが、一部の理髪師たちが私のラーゲリでの評判を知っていて、臨時雇いでもいいから一緒に働きたいと後押しをしてくれました。そのおかげで、私は臨時雇いとして採用されることになりました。ただし、収入は一般の職人の三分の一程度でしかなく、手当も何もつきません。

一九五三（昭和二十八）年、ソ連首相スターリンが死んだ年に、マガダン市の行政部から、

「所持しているソ連国債を持って出頭せよ」

という通達がありました。それまで給料をもらうと強制的にソ連の国債を買わされていたのです。言われるままに国債を持っていったところ、引き換えに現金が支

払われました。

「これはどういうことですか？」

と聞いたのですが、何の説明もありませんでした。私は内心、これは日本に帰れる兆《きざ》しではないかと思いました。日本人が帰国しているという噂も聞いていたため、私は呼び出しの日を心待ちにしていました。

しかし、いつまで待っても私には呼び出しがかかりませんでした。

囚人病院で知り合った佐藤正栄さんという人がいました。ある日、その人がマガダンのホテルの理髪所で働いている私のところに訪ねてきました。ドアの向こうからのぞき込んでいる人がいるなと思ったら、それが佐藤さんでした。

ちょっと手の空いたときに、

「どうしたんですか？」

と聞くと、佐藤さんは、

「刑が明けて日本に帰るときが来たからお別れに来た。君がここで働いていると知って会いに来たんだ」

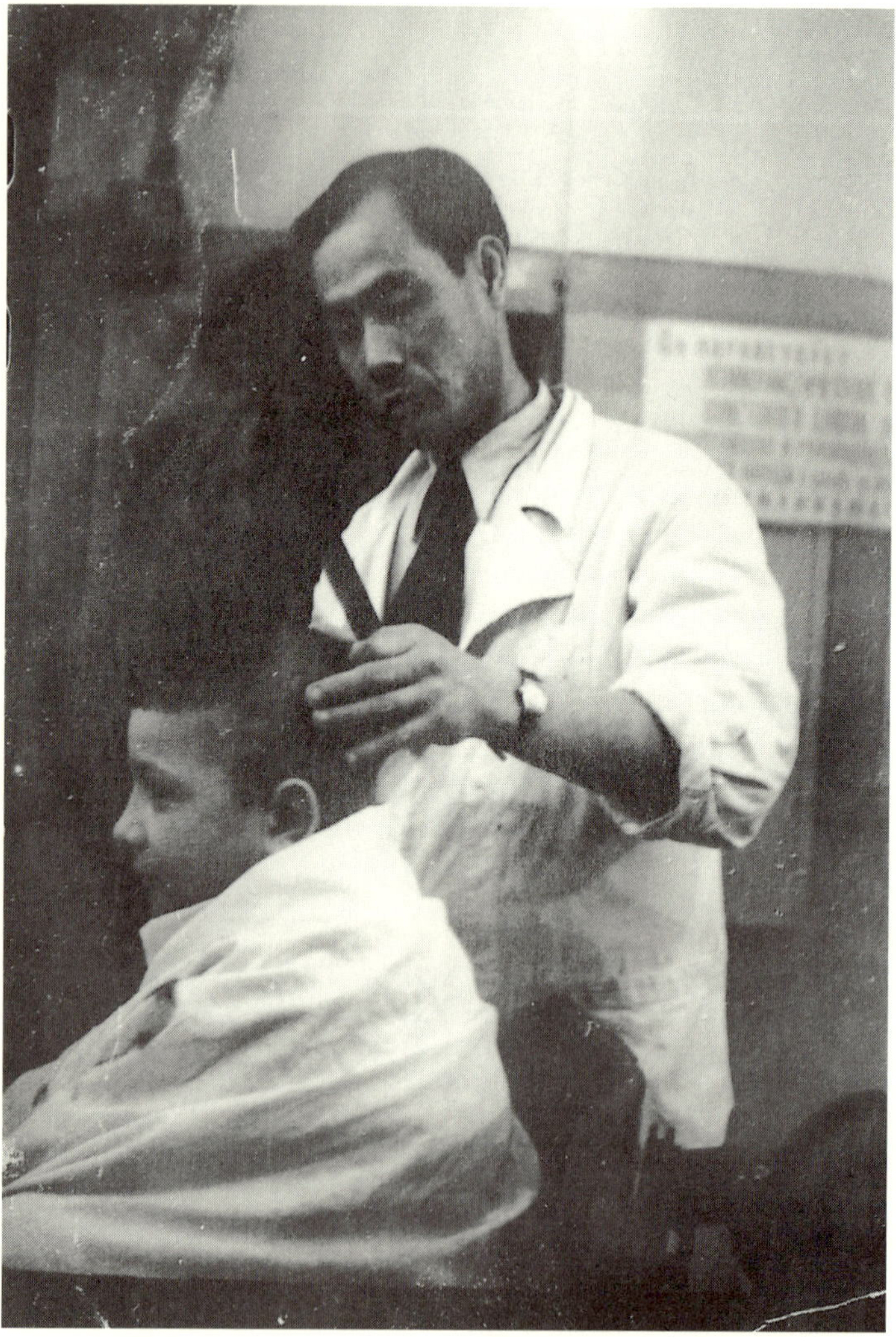

マダカン中央ホテル理髪館にて

と言いました。

それを聞いた私は眩暈《めまい》がするほどびっくりしました。

そのころ私は月に二回、国家保安委員会の窓口に行って居住許可の認め印をもらうことが義務づけられていました。マガダンの町からは一歩も出ることが許されず、何かにつけて取り調べを受けていました。刑期を終えたとはいえ、尾行される気配を感じることがしばしばありました。私は依然として国家保安委員会の監視下にあったのです。

刑が明けて日本に帰っていく人たちがいる一方で、私は依然としてこのような状況にあって、いつまでも帰国許可が下りない。いったいどうしてだろうか、という思いがありました。佐藤さんが訪ねてくる二日前にも、私は国家保安委員会の窓口で帰国の可能性について尋ねていたのです。そのとき担当者は、

「待っておれ」

とただ一言、怒ったように言いました。そして、私の鼻先で小さな窓がピシャリと音を立てて閉められました。

そのときの絶望感がまだ消え去っていないときに佐藤さんの帰国話を聞いたものですから、私は呆然《ぼうぜん》としてしまいました。

「今は忙しいから、あとで話を聞きたい。僕の下宿に一晩泊まってください」

と佐藤さんに頼みました。すると、佐藤さんは、

「僕一人じゃない。十三人が帰るんだ。だから、四、五人で行くから」

と驚くべきことを口にしました。

その夜、六人の日本人が私の下宿に来てくれました。小さな下宿で寝具も何もありません。服を着たまま床に座って、最後の杯を交わし、夜通し語り合って別れを惜しみました。

その中に佐藤亮治さんという富山県出身の人がいました。あのころ五十七、八歳で、私とはいつも病院で一緒でした。もし生きて日本に帰ったら薫製《くんせい》の秋鮭《あきあじ》で一杯やりましょう、という話もするくらい仲がよくなりました。口数の少ない人でしたが、私には兄とも父とも思えるような人でした。その人も帰国者の中にいるのです。

私は、

「僕も帰りたいな。あなたたち、十三人で帰るの？　十三人って縁起が悪い人数だね。僕が入れば十四人になるのにな」

と何気ない口調で言いました。本当は血を吐くような思いで言った言葉でした。でも、帰国を喜ぶ彼らを目の前にして、残念だとはどうしても言えませんでした。

翌日、その人たちは帰国することになっていました。そこで私は自分の証明用写真の裏に自作の短歌をしたためて、佐藤正栄さんに渡しました。

こんな短歌です。

かにかくに　母なる人は　忘れまじ
　オロシヤのくにに　囚われの身は
　　一九五五年二月十五日　彌三郎

私は佐藤さんに頼みました。

「これをどこかに縫《ぬ》い込んで持っていってくれませんか。日本に帰ったら滋賀県の草津の役場に届けてください。蜂谷という姓の家は一軒しかありませんから、役場から母に届けてくれると思います」

その写真は佐藤さんが帰ってから七年ほどもかかって、ようやく母の手元に届いたようでした。

後日知ったことですが、その当時の朝日新聞に、舞鶴の港に着くシベリアからの帰国者の顔写真が掲載されたのです。そこには私の顔写真も出ていました。のちにその紙面を見て、ああ、このときだったのだ、と思いました。

それはちょうど私の持っていた国債が現金に替えて支払われたときでした。やはり私も帰国できる予定だったのです。それがどうしてだめになったのか。おそらく、私にはスパイ疑惑が依然として残っていたために、帰してはならないというようなことになって帰国者の名簿から外されたのだろうと思います。

一九五五（昭和三十）年四月十八日、最後の引き揚げ船となった興安丸《こうあんまる》に乗って帰国した人は九十人ほどだったと記憶しています。その中に佐藤正栄さんも入っていました。

私が帰国してから次弟の嫁が話してくれました。私の顔写真の載った新聞を見て、母は私のために新しい洋服を買い、靴を揃え、このときも私の大好きな五目ずしを重箱に詰め込んで持ってきて、舞鶴の引き揚げ桟橋で待っていたそうです。しかし、最後の一人が出てくるまで待ち続けたけれど、みんな通り過ぎてしまった。私の姿がないことに母はひどくショックを受けて、精根尽きてその場に倒れ込んでしまったそうです。

皮肉なことに、私の言《こと》付けた顔写真を持った佐藤さんは母の前を通っているのです。そこでもし写真を手渡すことができていれば、と悔やまれてなりません。というのも、その日以来、母は眠れない夜を過ごすために睡眠薬に頼るようになってしまったのです。そして七年後に母の手元にその写真が届いたときにはすでに痴呆《ちほう》症になっていて、私の写真を見ても誰だかわからなくなっていたそうです。

そのころ母は夕方になると、何もわからないはずなのに舞鶴のほうを向いて、

「今日も彌三郎は帰ってこなかった」

と呟《つぶや》いていたそうです。

結局、私は母と再会することはできませんでした。母は一九六三（昭和三十八）年に七十一歳で他界しました。十三歳のころに交わした「母を支える」という約束を私は果たせませんでした。何とも親不孝なことだと悔いばかりが残ります。

帰国した翌年の秋、私は「シベリアを語る会」の事務局長である増田金綱氏（故人）に伴われて舞鶴の引揚記念館に行きました。引き揚げ桟橋に立ったとき、ここで母が精根尽き果てて崩れ倒れたのだと思えば、立っていることさえままならず、橋板《はしいた》を手で撫《な》でながら溢《あふ》れ落ちる涙をどうすることもできませんでした。

そして記念館で引き揚げ船の模型を見ると、あの船に乗れなかった自分の悲運が強く滲んで、無念の思いに胸をえぐられるようでした。

一九九七（平成九）年八月六日、鳥取地方法務局から「国籍を有する者」との認定証を受け、晴れて日本人として国内の往来もできるようになり、念願であった草津にある母の墓参りを果たすことができました。これも妻久子が生死不明の私の生存を信じ、半世紀の間、夫婦の絆の戸籍を守り通してくれたおかげと思っています。生き残っている妹と二人の弟夫妻と共に墓前に額《ぬか》ずき、私は帰国できたことを告げ、親不孝を詫《わ》びました。

額けば　幽微《ゆうび》おぼほゆ　たらちねの
　母は現身《うつしみ》　墓碑の深さに

母の亡くなる少し前、一九五八（昭和三十三）年ごろだったと思います。寝ていると夜中に母の声が聞こえました。

「彌三郎、私はおまえを待って待って……」

とそこまでで言葉は途切れました。

母が来ているのかと思って、私はハッと目を覚まし、そこで夢だと気づきました。びっしょり汗をかいていました。その後、体が震えて震えてしかたがありませんでした。あれは正夢だったと思います。母の魂が私を揺り起こしてくれたのではないかと思っております。

あのときの言葉が墓前で蘇ってきました。

「お母さん、ただ今帰ってまいりました。積もり積もった親不孝をお許しください」

そう言って泣き崩れたとき、母の顔が目の前に浮かんできたのでした。

母がわが子として、長男として、どれだけ私を頼りにして待って待って待ち続けたことかと思えば、たやすく墓前から立ち去ることはできず、墓碑の冷たさが心の奥にしみ込む思いがしました。

シベリアおろしの夜は更けて

母の声を聞いたあの夜からあと、私はずうっと長い間不眠症になってしまいました。夜中の二時、三時まで起きていることが多くなりました。シベリアではときどき日本のＮＨＫの国際放送が入ります。ある日も二時か三時ごろにスイッチを入れると国際放送が聞こえてきて、歌が流れてきました。それが初めて聞く「ああモンテンルパの夜は更けて」という歌でした。フィリピンの刑務所に収容されていた二人の軍人が作詞作曲した歌だそうです。

一番の半分ぐらいの歌詞は聞き逃してしまいましたが、二番、三番と聞きました。私の人生によく似たことを歌っているので涙が出ました。母のことが思い出されてしかたがありませんでした。

私はこの歌の歌詞を「シベリアおろしの夜は更けて」に作り替えて、日本に帰るまでずっと歌っていました。

シベリアおろしの夜は更けて
届かぬ思いにやるせない
故郷の空を見上ぐれば
涙に滲む雪空に
母の姿が浮かび来る
渡る雁《かり》がねまた来ても

恋しわが子は帰らない
母の思いはただ一つ
シベリアの空をかけめぐる
定めは厳しい北斗星
シベリアおろしに春が来りゃ
凍った柳も芽をふかす
俺も生きよう一筋に
死んじゃならないいくじけまい
祖国の土を踏むまでは

母を思って、いつもこの歌を歌っていました。いつか必ず日本に帰るのだと心に誓って歌い続けていたのです。〝古里恋しい母恋しい〟の心は大人になっても老人になっても変わりはありません。

私はまた、三十年四十年も日本語で話す相手もない中で、毎日、日本語で独り言を言いながら日本の言葉を忘れないように努めました。祖国の言葉を忘れてしまえば、すでに日本人でなくなったも同然だと思ったからです。しかし独り言で話しても、その反響がなければたとえ正しく話しているつもりでも自信が薄れて、もし日本へ帰ったとしてもこんな話し方でわかってもらえるだろうかと疑問が湧くこともありました。

話すだけではなく、就寝前の漢字の書き取りも毎日欠かしたことがありません。今日はごんべんの字、明日はきへんの字と決めて百字を書くのが習慣となり、それをしないと眠れませんでした。

望郷の念に耐えられず狂わんばかりになったときには、サイドカー付きオートバイ（ロシアではタイガーと呼ぶ）で深い深い森に駆け入り、できる限りの大声で母に不孝を詫び、妻子に向けて優しい言葉を叫びました。耳に聞こえるようにしゃべると、少しばかり自分の言葉に自信が取り戻せた気がしました。

それと同時に、日本の歌――童謡、小学校で習った唱歌はもちろんのこと、その時代時代の流行歌、軍歌など、知っている歌――を思い出すままに一時間でも二時間でも声が嗄《か》れるまで、流れ落ちる望郷の涙を拭いもせずに歌い続けました。

歌は世につれ世は歌につれといいますが、歌を歌うと、その時代時代のことが目の前に絵のように浮かび上がってくる思いがするのです。そして、泣いて泣いて泣き疲れた幼児がすやすやと眠り入るように、歌い疲れたとき、いつの間にか心には穏やかさが蘇ってくるのでした。あのころの私には、涙はすべての懊悩《おうのう》を流し去る妙薬《みょうやく》のようでした。

また、小倉《おぐら》百人一首を一首一首と思い出して、日本古来の情緒的な美しい言葉に思い浸《ひた》るのも欠かせない望郷でした。

ひさかたの　光のどけき　春の日に
　しづ心なく　花の散るらむ

みよし野の　山の秋風　小夜更けて
　ふるさと寒く　衣打つなり

このようにして第九十四首まで思い出したこともありました。

そして何よりも一番大事にしたのは、これはすでにお話ししましたが、日本人としての矜持《きょうじ》を保つために日課として教育勅語を唱えることでした。ソ連社会からの圧迫感に耐えようとするとき、日常生活に孤独を感じてややもすれば挫折しそうなとき、何十回と教育勅語を唱え続けると、いつも日本人としての気概が沸々《ふつふつ》と蘇ってきました。そうやって教育勅語に救われ、励まされて生き抜いてきたのです。そう思うと、教育勅語は私にとって大きな恵みとしか思えないのです。

月に一度は必ず教育勅語を清書しました。書いた紙はすぐ焼きましたが、〝之《コレ》ヲ中外《チュウガイ》ニ施《ホドコ》シテ悖《モト》ラス〟の〝悖〟の漢字を日本に帰るまでどうしても思い出すことができなかったことも忘れられません。

ロシア革命時代のシベリア出兵の際、日本軍が私の住んでいた近くに駐留していたという話を聞きましたが、私がいた当時、あの地方では日本人は私一人のようでした。ですから、日本人としては世間から後ろ指をさされないように、人に笑われることのないようにと、日ごろ日本人としての誇りを失っては恥になるといつも心がけて生きるように努めました。これが日本人としての責任であるとも思っていました。

北の果てに届いた荷物

佐藤さんたちが帰国した翌年のある日、郵便局から小包が届いているから取りに来いという連絡がありました。しかし私に小包など送ってくれる人は思い当たりません。何かの間違いではないだろうかと思って、そのままにしておりました。そうしたら郵便局の人が直接やってきて、

「蜂谷彌三郎とはあんただろう」

と言うので、

「はい」

と答えると、

「荷物が来ているから取りに来なさい」

と言われました。

半信半疑で郵便局に行ったところ、確かに私宛ての荷物です。大きなベニヤで作った箱に布で縫い込んだロシア式の小包でした。そこには「ソ連マガダン市日本人理髪師蜂谷彌三郎」とだけ宛名が書いてありました。

調べてみたところ、モスクワを経由して三年がかりでマガダンまで届いたものだとわかりました。全く奇跡というほかありません。

たぶん何度も検閲《けんえつ》を受けてきたのでしょう。小包を受け取ったときにはもう箱が開けてあって、中身は三分の一ぐらいに減っていました。それでもあまりの喜びで、私は箱を抱えて急ぎ足で家に帰りました。どうやって自分の下宿にたどり着いたか覚えていないほど興奮していました。

箱の中からはまず鰹節《かつおぶし》が二本出てきました。懐かしくて、その匂いを胸一杯に吸い込みました。それから玉露《ぎょくろ》の缶が一つ、こぶ茶の缶が一つ、そしてうまみ調味料が出てきました。さらにタオル、石鹸《せっけん》、歯磨き粉、歯ブラシなどの日用品が入っていました。

私は隙間を詰めるのに使ってあった皺《しわ》くちゃの新聞紙のシワを一枚一枚丁寧に伸ばし、一字一字食い入るように読みました。懐かしい日本語に胸が締めつけられる気持ちでした。その新聞紙はきれいに伸ばして、本の間に挟んで長い間保存しておきました。

箱を調べているうちに、新聞紙ではない皺くちゃになった小さな紙が出てきました。何かと思って引き伸ばしてみると、そこには鉛筆でようやく書いたような片仮名の文字がありました。

ワタクシハ　オトウサンニ　アイタイトオモイマス　ハヤクカエッテキテクダサイ　クミコ

なんということでしょう。娘の久美子の書いた手紙です。一年四か月で別れた愛《まな》娘《むすめ》が、早く帰ってくれ、と片仮名で手紙を書いてくれたのです。しかし、帰りたくても帰れない。私は手紙を抱きしめて、気が狂ったように大声で娘の名を叫びました。

さらによく調べてみたところ、箱に張りつくようにして四枚の写真が出てきました。一枚は妻と娘の写った写真、もう一枚は母の写真、そして妹の写真、それからおかっぱ姿でセーラー服を着た娘の写真でした。ランドセルを背負い、手には草履《ぞうり》袋《ぶくろ》を持っています。母の写真には毛筆で書いた「母、南宅にて」の文字があり、妹の写真にも母の筆跡で「妹朝美十九歳」と書いてありました。そして久美子の写真には妻の字で「久美子一年生」とありました。

この写真を見て初めて、妻と娘が北朝鮮から無事日本にたどり着いていることがわかりました。

私が日本に帰ってからの話ですが、引き揚げのときの様子を妻の久子が話してくれました。久子は、北朝鮮からの引き揚げが始まると、

「久美子を日本に連れて帰ることが自分にできる一番の役割だ」

と考えたそうです。そしてあの小柄な体で、現地で亡くなった長男・尚彌の遺骨

を首から提げ、久美子を背負って日本人の群れからはぐれないように何か月も歩き続けたのです。どこをどう歩いたかは思い出せないと話しています。それほど命からがらの厳しい逃避行だったのでしょう。また、そうやって日本に無事帰り着いても、戦後の混乱の中、女手一つで子供を育てるにはどれほどの苦労があったことか。

「こんなに大きくなって、こんなに大きく育ててくれて……」

久美子の写真を撫《な》でながら、私の目からは涙が止めどなく流れました。

その写真を見ながら久子の将来のことを考えた私は、再婚をすすめる手紙を書こうと決意しました。

帰れるあてのない私を待っている妻の年を数えてみると三十八、九歳になっているはずです。三十八、九の人生は再び戻ってはきません。過ぎてしまったらそれでおしまいです。また、これから先、一人で娘を育てるのは大変なことでしょう。久美子にも父親が必要なのではないかと私は考えました。

悩みに悩んだ末に、何日もかけて断腸の思いで便箋《びんせん》六枚に思いの丈《たけ》を綴《つづ》りました。

「せっかくの今の人生を無駄にしないでほしい。私はいつ帰れるかわからないし、

小包に入っていた久美子の写真

久子と久美子

生き延びることができないかもしれないから、再婚して新しい家族を育て上げてほしい。そして久美子だけは、弟妹ができても私の形見として大切にしてやってほしい」

そう書いたものの、手紙を出そうか出すまいかと迷って、一週間ほどポケットに入れたままにしていました。日本のスパイが手紙を日本に出すことを、ソ連の国家保安委員会が許すとは思えなかったからです。

しかし、日本から送ってきた荷物も、中身は三分の一になっていたとはいえ、私の手元に届いたのです。私は意を決して郵便局に持っていきました。すると、何も問題なく受け付けてくれました。ですから、私はその手紙が妻のもとに届いたものだとずっと思っていました。

それからは、妻子の日常生活のことをあれこれ想像してみたり、苦しい生活に悩んでいないだろうか、どんなにして生計を立てているのだろうか、幸せな再婚ができただろうか……と日課のように思い浮かべ、涙とともに三年に満たなかった夫婦生活の思い出にふけりました。脳裏から消え去らない「もし日本に帰れたら」という空想だけで生きている私は、万一日本に帰るときがあったら、遍路姿《へんろすがた》にでもなって人知れず妻子の幸せを確かめてやろう、それがせめてもの償《つぐな》いだと思っていました。ところが一九九七（平成九）年に日本に帰国したあと、私が書いた手紙のことを久子に尋ねてみると、届いていないことがわかりました。妻は、

「そんな手紙は絶対に着いていません」

と断言しました。

お互いの無事が確認できたとはいうものの、実際にはそれからソ連崩壊までの四十年もの間、お互いの連絡は全く不通になってしまっていたのです。

苦渋の決断、ソ連国籍を取得

話は少しさかのぼります。日本への帰国の望みがなくなったようだと悟ってから、私は生きた屍《しかばね》のようにぼんやりとしてしまって仕事も手につきませんでした。そんな魂の抜けた人間のようになってしまった私のことを、友達や同僚たちが心配し

て慰めてくれました。

「どうせ日本に帰れないんだから、ソ連の国籍を受けて一人前にソ連の社会で暮らしたらいいじゃないか。そうすれば給料も人並みにもらえて国から部屋もあてがわれるから楽だぞ」

と国籍取得をすすめてくれる人もいました。

国籍を受けるというのは祖国を裏切るも同然だから絶対にしてはならない、と私は思いました。とはいえ、収入はソ連の人の三分の一で、そのうちの半分は下宿代に払わなければならないという状況は苦しい。そのうちに、とりあえず国籍を取得して人並みに暮らしておいて、もし日本に帰れる時期が来たら、そのときに国籍を返納すればいいじゃないか、と考えるようになりました。

同僚のドイツ出身の理髪師がソ連の国籍を受けてこうして暮らしているという様子を見せてくれたことも、その考えを後押ししました。私は熟慮《じゅくりょ》に熟慮を重ねた上、苦渋《くじゅう》の決断として妥協《だきょう》をしてソ連の国籍を受けることに決めました。国籍を受けるのには三人の保証人が必要で、そのドイツ出身の理髪師も保証人になってくれました。

ソ連のパスポートを手にしたときの私の気持ちはどうだったでしょうか。私は大声を上げて号泣しました。祖国を裏切ってしまった。非国民だと言われてもしょうがない。でも、生きていかなければならないんだ。生きておればいつか日本に帰れる時期が来るかもしれないじゃないか――そうやって自分を慰めるしかありませんでした。パスポートをまともに見ることさえ憚《はばか》られる気がしてなりませんでしたが、生き抜くためにはやむを得ないのだと自問自答を繰り返すばかりでした。

その日から暗い暗いトンネルの中を手探りで歩くような生活が始まりました。私は針の穴のような小さな光でも見逃さないようにと、慎重に慎重に歩いてきました。

その間にはいろいろなことがありました。私の生活はいつも監視の対象となっていましたし、ソ連社会からは日本人スパイとみなされて白眼視されました。電話は両隣につながっていて盗聴されていました。仕事でいくらノルマを達成しても、私に対しては何も褒賞《ほうしょう》はありませんでした。

一番つらかったのは、下校時の小学生に取り囲まれて「日本人のスパイ」とはやし立てられたときです。おそらく親が家庭で私の批判をしているのだろうと思います。とはいえ子供相手にとやかく言ってもしかたがない。私はその場から逃げるようにして立ち去るしかありませんでした。その場から黙って逃げ去ることはスパイだと認めたことにもなりかねないので、はらわたの煮えくり返るような思いでしたが、それをぶつける場所はどこにもありませんでした。

こういう体験をしながらも、私はできるだけ波風を立てないように気をつけて黙々と働き続けました。そんな時間が長く経過するに従って、少しずつ信用も得られるようになっていきました。その裏づけとして、帰国するまでには仕事のノルマ達成による貢献に対して十三枚ほどの表彰状をもらいました。それも十一月の革命記念日と五月のメーデーには必ず表彰されるまでになりました。

日本への望郷の念は決して途絶えることはありませんでしたが、帰国のあてもなく、私は少しずつソ連での生活に自分を順応させていくしかありませんでした。日本に帰りたいという思いはいつも持ち続けていました。けれども、現実にはこの地で人生を終えるのだろうなと、半ば諦めに似た気持ちになっていきました。

ПОЧЕТНАЯ ГРАМОТА

УВАЖАЕМЫЙ ТОВ. ХАЧИЯ ЯСАБУРО!

Администрация, партийная, профсоюзная и комсомольская организации награждают ВАС за высокие показатели в социалистическом соревновании и активное участие в общественной жизни в честь 59-ой годовщины Великого Октября.

Директор горбыткомбината
М.Порин

Секретарь парторганизации
Н.Кононыхина
Председатель МК профсоюза
М.Манойленко

4 ноября 1976г.

尊敬する同志　蜂谷彌三郎

ロシア共産党職業組合及び共産党青年部幹部連盟は第59回ロシア革命記念日に際し、高度の職務遂行の業績を認め、ここにこれを表彰する。

ライチーヒンスク市サービスセンター長　ライチーヒンスク市共産党首席

ポーリン　コノニンキナ

労働者職業組合首席

マノイレンコ

1976年11月4日

第四章

クラウディア

深い愛に支えられて

【扉写真】三十七年間をともに過ごしたクラウディア

似た者同士の出逢い

ソ連の国籍を取得したあとはロシアのどこの町でも自由に住めるようになりました。私はマガダンを離れ、日本に近いアムール州を選びました。沿海州のほうがより近いのですが、元スパイが沿海州では近すぎて具合が悪い。それで沿海州よりも少し内陸に位置するアムール州の真ん中あたりにあるライチーヒンスク市のプログレス村に住むことになりました。

実は、私がこのプログレス村に住むことを決めたのは、一人のロシア人女性のすすめがあったからです。その女性こそが、ソ連で三十七年間の長きにわたって私を支え続けてくれたクラウディアです。ソ連での生活を語るとき、彼女のことはどうしても話しておかなくてはなりません。

私がクラウディアと出逢ったのはマガダンの町で暮らしているときでした。ソ連ではノルマを達成して働きぶりが優秀だと認められると、二十四日間の休息の機会が与えられます。私にもマガダンで理髪師をしているときにそのチャンスが訪れました。

休みの時間を利用して、私はマガダンの隣町にある「休息の家」と呼ばれる無料の施設に行くことにしました。たまたまそこでテーブルが隣同士になったのがクラウディアだったのです。

初めて出逢ったとき、彼女は、

「どうして日本人がここにいるのか」

と不思議がりました。初めて会う人に何もかも打ち明けるわけにはいきませんが、少しずつ話をするうちに互いの歩いてきた道のりがあまりにも似ていることを感じました。それは私だけではなく、彼女も同じように感じたようでした。彼女の年齢は私より三つ下で、そのとき四十歳になろうとしていました。

クラウディアが生まれたのはロシア革命の混乱期で、まさにソ連という新しい国が誕生しようとしていたころでした。父親は大地主だったようですが、母親とは五歳のときに死別したそうです。ですからクラウディアの話に出てくるのは父親の思い出ばかりで、母親についての思い出話は一度も聞いたことがありません。

大地主の娘として生まれたクラウディアは、リボンのついた帽子をかぶっていたこと、使用人らしき人が働いていたこと、家には長い廊下があって両側にたくさんの部屋があったことなどを話してくれました。しかし、楽しい思い出話はそこまでで終わり。それからあとの人生は、私の子供時代より遥かにひどいものでした。

私が魚屋の丁稚として奉公に出た話はしましたが、クラウディアは後妻に入った人から疎《うと》まれて、父親の留守の間に、あろうことか乞食《こじき》の群れに売られてしまったのです。ソ連の乞食連中というのは生易しいやり方では物乞いができないため、四、五歳の子供をもらい受けたりさらってきたりして、その子の目を潰《つぶ》し、あるいは手足を折って不具者《ふぐしゃ》にして、道行く人の憐《あわ》れみを誘って物乞《ものご》いをするのです。こんなひどい方法をとらないと、乞食でも生きていくことができなかったのです。

恐怖で泣き喚《わめ》く子供たちの姿を見て、クラウディアは恐ろしくなってしまいました。そして隙を見て逃げ出したのです。どの道を辿《たど》って家まで帰ったかは覚えていないと言いました。自分の足で帰ったのか、誰かが連れて帰ってくれたのか、それもわからない。あまりの恐怖で逃げることに精いっぱいだったのでしょう。

なんとか家に辿り着いた彼女は、父親に乞食はやりたくないと懇願《こんがん》しました。

「いい子でいますから、ここに置いてください」

父親は、

「もうどこにもやらないよ」

と言って彼女を抱きしめてくれたそうです。

そのときの父の温もりが忘れられない……。この思い出話をするとき、彼女の目にはいつも涙が滲んできました。

しかし、革命によってソ連になったばかりの社会は大混乱に陥っていました。地主や金持ちは次々に粛清《しゅくせい》されていきました。彼女の父親もそれからしばらくして粛清に遭い、消息がわからなくなってしまったそうです。

そのあとでクラウディアは再び義母の手で乞食に売り渡されてしまいました。二度目に彼女が売られた乞食は老婆でした。この乞食のおばあさんは墓場にある横穴に住んでいました。ロシアの田舎は土葬をするため、埋葬後や故人の命日には新しい食べ物が供えられます。老婆はそれを目当てに墓地に住みついていたようでした。老婆は穴の出入り口に乾燥藁《わら》や新聞紙などを置いて外気を遮《さえぎ》り、木の枝や棒を斜めに立てかけて押さえつけていました。穴蔵の中には古い湯沸かしと湯呑《の》み茶碗、古着や寝藁があるだけで、寝具は何もなかったそうです。老婆は長時間出歩くことはなくて、穴蔵に戻ってくるときにはいつも食べ物を持って帰りました。

クラウディアはその穴蔵の中にワンピース一枚の格好で置いておかれました。履物すら与えられない。温かい衣類を着せたら逃げてしまうだろう。靴を履かせたら逃げてしまうに違いない。だから逃げないように、そういう服装をさせられていたのです。クラウディアは老婆が外出すると藁や新聞紙を掻《か》き分けて外をのぞきながら、どの方向に逃げようかといつも思案していたそうです。

しかし、外の寒さにはかないません。私の住んでいたマガダンのあたりでは、九月十月に入ったころ、もう零下十度、十五度という寒さになります。早いときには十月ごろから雪が降ったりします。そういう地で、ワンピース一枚の裸足《はだし》という格好で遠くまで逃げるなど、考えられないことです。

秋も深まったある日、老婆が寝藁をとってこいと彼女に命じました。十月ごろ、ロシアの野原には至るところに乾燥藁の塚《つか》ができます。私も年金生活に入ってから農民になって乾燥藁を作りました。秋になるとどの農家でも乾燥藁作りをやっています。

二メートル、三メートルぐらいの高さの塚であれば、下のほうにある藁は二十トン以上の重さで押さえつけられます。六歳かそこらの小さな子供が藁草を引っ張り出すことなどとうていできません。

寝藁をとってこいと言われたクラウディアは、塚の周囲に落ちている藁を拾って、どうしようかと迷っていました。そこにちょうど塚の様子を見るために主《あるじ》がやってきて、少しばかりの藁を小わきに抱えて震えているクラウディアを見つけました。主は自分で着ていた毛皮の外套にクラウディアを包んで、家に連れ帰りました。その人が彼女の育ての親になったのです。

養父は村の水車小屋の主人で、製麦《せいばく》や製粉に従事していました。とても優しい人だったようで、

「おじさんのところにお弁当を持っていくのが一番の楽しみだった」

とクラウディアは話していました。一緒に昼食を食べながら、本を読むことや生活に関するいろいろなことを教えてくれたそうです。

しかし養母はとても厳しい人で、クラウディアは七歳にして女中代わりに働かなければなりませんでした。朝は一番に起きてパンを焼き、御飯の準備をしなければならない。間違いをしでかすと厳しい体罰が待っていました。

クラウディアは十四歳になると隣町の写真館に掃除婦として雇われました。住み込みで働いて、わずかな給料をすべて育ての親に仕送りしました。そのころ養父は独ソ戦争で応召《おうしょう》していましたが、結局帰ってくることはありませんでした。

残された育ての親の家族を支えるために、クラウディアは一所懸命に働きました。そして共産党少年部（ピニオール）に入り、十七歳になると共産党青年部（コンサモルカ）に編入されました。共産党青年部に入れるのはごく一部のエリートに限られていたことからも、クラウディアがどれほど勤勉に働いていたのかがわかります。

クラウディアは共産党青年部の指導によって極東に移住することになりました。

独ソ戦争が終わったあと、極東には住民が少なかったため、国策によって共産党員を送り込んでいたのです。

クラウディアはコムサモルスキ・ナアムーレという黒龍江（アムール川）の河口に近い町に移住し、十九歳のときに、ある陸軍少佐と結婚しました。その少佐との間に男児を出産したあと、二十一歳で国営の食糧倉庫の出納《すいとう》係として事務の仕事をするようになりました。

ここでクラウディアに悲劇が降りかかります。倉庫の上司が帳簿《ちょうぼ》に細工して物品の横流しをしていたのです。あるとき倉庫で出納状況の審査が行われることになり、上司は不正をごまかすために仮病を使って入院し、クラウディアに取引書類にサインさせました。その結果、クラウディアはわけのわからないまま在庫不足の責任を問われ、国家財産横領《おうりょう》罪という罪で十年の強制労働の刑を強いられることになってしまったのです。反論は一切認められませんでした。彼女も私と同様、無実の罪に泣きました。二人ともソ連の鉄のカーテンの陰で泣き明かすことになったのです。

クラウディアが刑を受けた年に、夫は別の女性と結婚してしまいました。しかし、しばらくして軍を追われてしまいます。どうやらクラウディアの罪の連帯責任をとらされたようでした。

刑を終えてクラウディアが社会復帰したころ、もとの夫は回復不能のアルコール中毒になっており、一人息子も手に負えないワルになって頻繁《ひんぱん》に刑務所に出入りするという状況でした。全くの無実の罪が発端となって、クラウディアはまたしても波乱の人生を歩かされることになってしまったのです。

「いくら努力しても運命には逆らえないと思った。ならば自分も運命とともに歩いていこうと思った」

クラウディアがそう話したとき、私もまた同じ思いを抱いていました。私たちはお互いの境遇に共感し、ともに慰め合い、励まし合って生きていくようになりました。休日になると会って話をするようになりました。結婚することは全然考えていませんでしたが、ロシアの地で生きていかなければならない私にとって、クラウディアはいつしか大きな心の支えになっていました。

プログレス村での生活

ある日、クラウディアが私を訪ねてきました。知り合いの老母の世話をするために中国との国境にあるアムール州に引っ越すことになったというのです。突然の話に驚きました。しかし、スパイ容疑のある男といつまでも付き合っていて万一迷惑がかかっては大変です。彼女の身の安全を考えれば、ここで別れるのは賢明であるかもしれないと思いました。

「クラウディアがアムール州に行ってしまえばもう会うこともあるまい。でも、これでよかったのかもしれない」

そう思い自分を納得させようとしましたが、やはり寂しさは募《つの》りました。そのときすでに、クラウディアは私にとってかけがえのない存在になっていたのです。

しばらくして、彼女から手紙が届きました。手紙にはこうありました。

「アムール州は日本に近いし、アジアからの移住者も多いから差別も少ない。人の心も穏やかです。あなたも移住してきてはいかがですか？　気分も変わると思いますよ」

環境を変えたいという思いはずっと私の中にありました。それで彼女の熱心なすすめに乗って、私は移住の決心をしました。

アムール州のプログレス村へ引っ越した私は、ライチーヒンスク市の市営サービスセンターに就職して理髪の仕事を続けました。客の評判はよく、短期間で常連が増えていきました。剃刀研ぎや中すき、理髪道具の修理などもできるため、センターでは重宝され、所長の信望も厚くなっていきました。

また、そのころ私は興味を持っていた美容の本を読み漁《あさ》り、独学で勉強して専門知識を深めていきました。そして、その知識を生かして女性サロンの美容師の試験を受け、合格しました。

私はプログレス村からバスに乗ってサービスセンターに通勤していたのですが、あるとき、村の中心部にサービスセンターの分所を作る計画が持ち上がりました。そこには写真部、時計修理部、靴修理部、そして理髪部が設置されることになり、私は理髪部の男性向けの理髪所と女性サロンの両方を受け持つように命じられました。

プログレス村に開業した理髪所兼女性サロンは、一か月もたたないうちに客足が急増しました。特に女性サロンには毎朝十四、五人の女性が詰めかけました。その半数はプログレス村の周辺の市や村から噂を聞きつけてやってきた人たちです。所長は盛況ぶりに目を丸くして驚き、急いで両サロンの見習いを養成することを決め、私もその任に当たるようになりました。

このころは州の競技会でいつも首位を占めるようになって、一人の審査員が定年退職したときには私がその後がまに選ばれるなど、周囲からの信望も寄せられるようになりました。それまで私は〝ヤーシヤー〟と呼び捨てで呼ばれていたのですが、いつか自然とロシア名である〝ヤーコブ・イワンノビッチ〟という父称付きの尊厳語で呼ばれるようになりました。同サービスセンターの労働組合の生活指導員となったり、警察署で結成されていた民間奉仕団体の夜間パトロールにも要請されて、月に一回パトロール班長として十二、三人で赤い腕章を巻いて居住地域のパトロールにも従事するようになりました。

このようにして住民たちとの交流は深まっていきましたが、その反面、日本人スパイとしての私の行動を監視する気配がどことなく感じられました。国家保安委員会の鋭い目は絶えず光っているようで、万全の注意を怠らずにいようと、いつも自分に言い聞かせていました。

私は女性サロンで働きながら、カーラーの機械を作ったり、髪の染料を考え出して、表彰されたり、賞金をもらったりもしていました。そんな私をクラウディアは心から褒め、喜び、感心してくれました。幼いときから家族に恵まれなかった彼女にとって、私が世界でただ一人の家族であり、大親友だったのでしょう。

一九六二（昭和三十七）年のはじめに、クラウディアが面倒を見ていた老婆が亡くなりました。それをきっかけに私たちは同居をするようになりました。私たち二人の新しい生活がこうして始まりました。

クラウディアはいつも私の盾《たて》となってくれました。近所の人たちから、

「スパイの妻だ」

と悪口を言われたときも毅然《きぜん》として、だからこそ私を守らなくてはならないという態度を崩そうとはしませんでした。私の口から言うのは少し気が引けますが、私たち二人は村中で一番仲のよい夫婦だと評判でした。

しかし、保安当局の取り調べは相変わらず続いていました。あるときはサイドカー付きのバイクで走っているときに停止を命じられ、森の中に連れ込まれて尋問を受けたこともありました。そのときは周囲に誰もおらず、もし撃たれてしまったら一巻の終わりだと冷や汗が流れました。

そのような監視を受けながらも私は精いっぱい働いていました。幸いにして理髪所兼女性サロンでの仕事は順調に進み、次々とノルマを達成していきました。しかし、そのうちに両足の静脈瘤《じょうみゃくりゅう》の肥大が激しくなり、医師の勧告を受けて、立ち仕事の多い理髪師の仕事を辞めなければならなくなりました。

それからあとはセンターの所長のすすめもあり、写真部に移って、現像や焼き付けの仕事に就き、さらにはカメラマンとして働くようになりました。一方、クラウディアは独学で経理士の資格をとり、審査経理士として働くようになっていました。

新しいサイドカー付バイクに乗って記念撮影（1972 年ごろ）

強く優しいクラウディア

私は一九七六（昭和五十一）年、五十八歳のときに年金生活に入りました。年金生活に入ってからは、自給自足を目的として農業を始めました。野菜を育て、養蜂《ようほう》を行い、乳牛や豚やうさぎを飼いました。慣れない農民生活で失敗も多々ありましたが、十年もやっているとようやく軌道《きどう》に乗ってきました。

しかし長年の過労からか、私は胃痛で苦しむようになっていました。あるときクラウディアが知人から「胃痛には山羊《やぎ》の乳がいい」と聞いて、五頭の山羊を買ってきました。それまでに山羊を飼った経験などなかったのに、クラウディアは私のためになると思うと即座に行動に移してくれるのです。何につけクラウディアは行動的で、これと決めたことはすぐに実行します。その点では久子とは正反対の性格と言ってもいいでしょう。

この当時の話として一番心に残っているのは、養蜂場で仕事をしていたときの出来事です。へべれけに酔った猟師が二人やってきて、猟銃を手にクラウディアに向かって叫んだのです。

「おまえは日本のスパイの妻だから売国奴だ！」

するると彼女は私の前に立って、

「撃つなら撃て」

と毅然とした態度で猟師たちに立ち向かいました。

このとき、クラウディアがこんな強い気持ちで私のことを見てくれていたのかと思い知らされました。

こうした気の強さを持っている反面、ひどく情にもろいところもありました。よく知らない人であっても、何か頼み事をされたり心配事を相談されたりすると放っておけないのです。

あるとき、夫が亡くなって生活に困っているという女性に相談されて、家に蓄えていた野菜をほとんどあげてしまったことがありました。わが家では穀物も大豆もいろいろ作っていたのですが、せっかく苦労して収穫したものを気前よくあげてし

1984年、養豚を始め、豚の世話をするクラウディア

まうのです。その人はよく知っている人でもないから、

「少しぐらい残しておいたらどうだ」

と言ったのですが、

「かわいそうだ」

と言って聞かないのです。

自分で着るために二年がかりで編み上げたセーターでも、

「きれいなセーターね」

と褒められると、

「気に入った？」

「気に入った」

「じゃあ持っていって」

と、あげてしまう。

羊毛を何回もほどいたりよったり、いろいろな花やタマネギの皮できれいに色を染めたりしてやっと編み上がったというのに、自分で一度も袖《そで》を通さないまま簡単にあげてしまうのです。

私たちの家ではトマトを五、六十株も植えていました。

「どうしてそんなにたくさん植えるのか」

と、あるときクラウディアに聞いたら、

「困っている人にあげなくてはならないから、このぐらい必要なの」

という答えが返ってきました。クラウディアはいつもそういう目で世の中を見ていました。自分のことは後回しにして、困っている人を優先して考える人でした。

深い愛に支えられて

そういうクラウディアを私は愛していましたが、それは久子への愛が薄れてしまったという意味ではありません。久子への愛というのは、また別のものとしてありました。最初に結婚して一緒になったわけですし、別れたのは引き裂かれたからであって喧嘩別れしたのではない。

久子と結婚するとき、彼女の父親はあまり賛成してくれませんでした。久子は控えめな性格ですから、父親に「この人が好きだから結婚したい」とは願い出ませんでした。母親も意見はほとんど言わず、すべては父親の一存で決まっていました。私はそんな父親にお願いして、ようやく首を縦に振ってもらったのです。

しかし、そうまでして結婚した妻を私は結果的に守ってやれなかった。

「お父さんは満足して結婚を承知してくれたけれども、あなたがソ連に捕まってしまってからは『おまえも苦労するな。かわいそうにな。違う男と結婚していたら、もっと別の人生があっただろうにな』とよく言っていました」

と久子は教えてくれました。

実際に縁談もいくつかあったそうです。それらをすべて断って、いつ帰るともあてのない私を待っていてくれたのです。私が連れ去られるまで、私たちが夫婦として生活した期間は二年半ほどしかありません。しかし、その短い間にも確かに愛情が培《つちか》われていたのだと思います。

けれども愛情の深さということ、やはりクラウディアということになるのでしょう。何しろ三十七年も一緒にいたわけですから。

しかし、クラウディアは守らなくてはならない秘密は絶対に口外しませんでした。たとえば審査経理士をしているとき、彼女は工場などの会計簿を調べるために検察官の補佐として同行していました。検察官は彼女を信じて同行を要請したようですが、クラウディアはその仕事については一切私に話しませんでした。そのため長い間、私は全くクラウディアの仕事の様子を知らず、あるとき、その検察官と席を同じくした折《おり》にクラウディアの同行補佐のねぎらいの言葉を受けて、初めて知ったようなありさまでした。クラウディアももちろん、私の妻として私同様の猜疑《さいぎ》の視線を浴びていたと思いますが、こと任務遂行上の秘密厳守の精神は検察官にも絶大な信頼を得ていたということだったのだと思います。

スパイの妻という見方をされることは、クラウディアにとってもつらかったはずです。それでも仕事を続けていたのは、仕事へのこだわりというよりも、私との生活を何が何でも支えなくては、という思いがあったからでしょう。

彼女が私のことを第一に考えてくれていたと私が確信している一つの出来事があります。あるとき、審査経理士として州の管轄するいい仕事が見つかったのです。その仕事をすれば年金もたくさんもらえるようになると彼女は乗り気でした。しかし、胃潰瘍《いかいよう》で苦しんでいた私を思って、結局彼女はその仕事を断ってしまいました。

「私がこの仕事に就いたら、留守の間に病気で困ることがあるでしょう」

クラウディアはそう言いました。

彼女にとっては仕事よりも、お金よりも、私が第一だったのです。そんなクラウディアの深い愛に支えられて、私は生き延びることができたのです。

ついに訪れた再会の日

クラウディアとの生活に終止符が打たれるときがやってきました。一九九一（平成三）年、ソ連崩壊。それが別れのきっかけとなりました。

ソ連がなくなったことにより、私は自由を手にしました。もうスパイだろうと疑われ、尋問を受けることはないのです。私はすぐにでも日本にいる家族の安否を確かめるために手紙を出そうかと考えました。しかし、ソ連の秘密警察がまだどこかに残っているかもしれないと思うと、なかなか踏み切れずにいました。

結局、私が日本に連絡をとろうと決断したのは、ソ連崩壊から五年ほどたった一九九六（平成八）年四月のことでした。信頼できる友人を通して日本の家族の安否確認をすることにしたのです。

間もなく返事が返ってきました。その返事とは、弟の行雄と娘の久美子夫婦が私の家を訪ねてくるというものでした。このときの驚きは言葉ではとうてい表せません。ただただ涙だけが流れました。

この知らせを聞いて一番喜んだのはクラウディアでした。彼女は涙を流し、まるで自分の肉親が見つかったかのように大喜びしました。そして私たちが葬式代として貯めていた唯一の貯金を惜しげなく引き出して来客の受け入れに取りかかり、往復十時間もかかる遠方まで行って土産物《みやげもの》を買ったり、日本人の口に合う食事はどんなものかと頭を悩ませました。親しい友人の奥さんたちも手伝いにやってきました。ロシアでは日本のように仕出し屋などなく、すべては手料理ですので、大変なお祭り騒ぎになりました。

ときたま日本の新聞（『赤旗』）が手に入るとボロボロになるまで読み漁る私を見て、クラウディアはよくわかっていたのです。私が口に出して言わなくても、いかに日本を恋しく思っているかということを。だから、もしも私に日本に帰るチャンスが訪れれば、そのときは喜んで希望を叶えてやるように努力しようと心に決めていたのです。

一九九六（平成八）年八月二十一日、ハバロフスクを経由して弟と娘夫婦、そして名古屋テレビと朝日新聞名古屋支局の新聞記者が、私たちの住んでいる町にやってくることになりました。車で三時間かかるブラゴヴェンシエンスク空港まで、私は出迎えに行きました。親しくしていた交通警察署の署長――彼は朝鮮で亡くなった

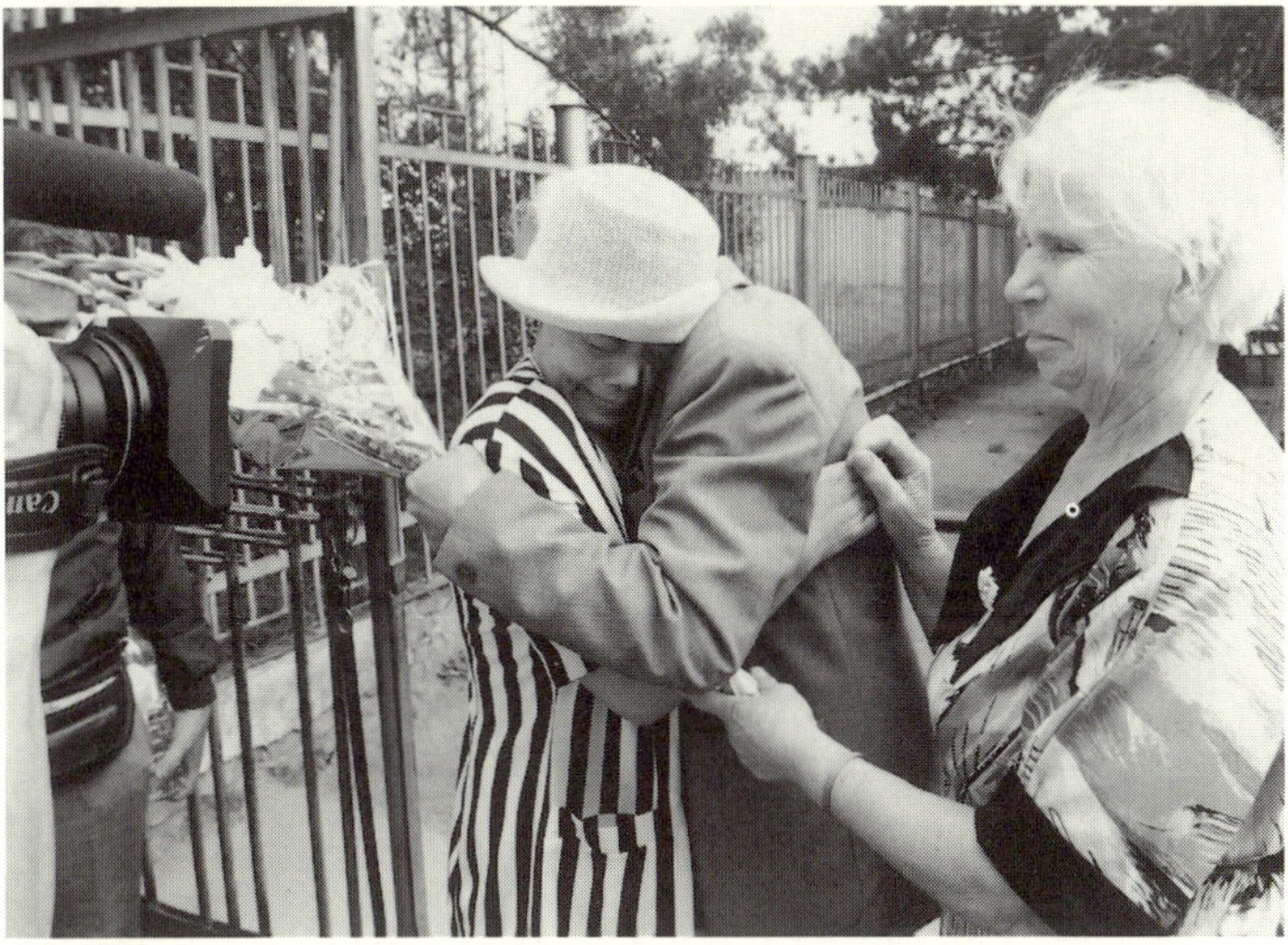
1996年8月21日、50年ぶりの親子の再会（ブラゴヴェンシエンスク空港で）

私の長男と同じ年の生まれでした――が先頭を走り、そのあとを私と友達たちが六台の車を連ねて迎えに行く手筈《てはず》になりました。車で走っているとき、前方にロシアでは珍しい虹が見えたことをよく覚えています。

空港で娘の久美子を見つけた私は近づいてくるのが待ち遠しくて、手を高く上げて大声で娘の名を呼びました。そして駆け寄ってきた娘を抱きしめました。五十年前には乳飲み子だった娘の頭には白髪がありました。それを見て母娘の苦しかった生活が思い知らされ、ずいぶん長い時間が流れたものだと感じないわけにはいきませんでした。

歓迎会の夜に

空港からの帰りも警察署長に先導してもらい、夜の八時ごろ家にたどり着きました。クラウディアと村の友達の奥さん連中が集まって作ったもてなしのご馳走《ちそう》が私たちの帰りを待っていました。

夜遅くまで温かな歓迎会が続きました。

その席で私は五十年ぶりに日本語で挨拶をしました。娘たちは私が日本語を忘れているかもしれないと思って通訳を連れてきていましたが、その必要はありませんでした。私は日本語を忘れてはいませんでしたから。

すでに述べたように、日本語を忘れないために、私はいろいろな工夫をしていました。夜寝る前には漢字の書き取りを百字ずつしました。

「今日はごんべん、明日はさんずい、その次はきへん……」

と決めて、いろいろな字を書くのが日課でした。
また、親しい友達の名前、上司の名前、親戚の名前などをずっと書き連ねて、その人にまつわる出来事を思い出しました。それが私の望郷でした。祖国というものはそんなに簡単に忘れられるようなものではないのです。とりわけ無理やりそこから引き剝がされてしまった者にとっては……。

「懐かしい日本の皆様、よくぞいらしてくださいました。私はいつも、遠くからでもいいから、後ろ姿だけでもいいから、日本人が見たい、日本人に会ってみたいという気持ちでいっぱいでした。でも今日は、お客様として日本の方がいっぱい来てくださった。そして私を父と呼び、兄と呼ぶ人が来てくれた。こんなに嬉しいことはない。これが夢であれば、永遠に覚めてほしくない。こんな幸せな日が来るとは思いも寄らなかったことです」

私がこのような挨拶をすると朝日新聞の記者がびっくりして、

手作りのご馳走で50年ぶりの再会を祝う（プログレス村の自宅にて）

「あなたは日本語を忘れなかったのですか？」

と尋ねてきました。私は庭先に植えてあった菊の花を指さして、

「あの菊が日本の匂いですから」

と答えました。そして、

心あてに　折らばや折らむ　初霜《はつしも》の
　　おきまどはせる　白菊の花

という百人一首にある歌を詠み、

「菊の匂いを嗅《か》ぎながら日本を懐かしく思い出しつつ、私はその歌を繰り返していたのです」

と記者に話しました。

「日本にいつか帰る日が来るということを予期していましたか」

とも質問されました。私もそれは考えないではありませんでした。けれども、そういう時期は巡ってこないだろうと諦めていました。

それが実現したのも、実はクラウディアのおかげなのです。

ソ連が崩壊したあと、クラウディアが、

「日本に連絡しましょう」

と言って奔走《ほんそう》してくれたのです。

私はむしろ躊躇《ちゅうちょ》していました。ソ連がなくなったとはいえ、国家保安委員会に監視されているという不安な気持ちは一朝一夕《いっちょういっせき》には消えるものではありません。まだ組織が残っているのではないかという懸念もありました。むやみな行動をとって、また強制収容所送りにされるのが怖かったのです。

そんな私をクラウディアは励まし、自ら奔走して日本に連絡をつけてくれたのです。

その努力のおかげで私は家族と再会することができました。本当に夢ではないかという気持ちでした。夢なら永遠に覚めないでほしいと挨拶で言ったのは、私の心から自然と出た正直な気持ちでした。

土曜の朝の国際電話

この歓迎会の席では、一つの事実が明らかになりました。私が久子に再婚をすめる手紙を出したことはすでにお話ししましたが、久子はただ一途に私の帰りを待ち続けていたというのです。手紙が届いていなかったということがのちに判明するわけですが、この時点では久子がてっきり再婚しているものとばかり思っていましたから、この事実を知らされて私はひどく驚きました。

しかし、それを知ったからと言って「日本に帰りたい」という言葉はなかなか出てきませんでした。三十七年間、自分の体を張って私をソ連社会から守ってくれた大恩人のクラウディアを思うと、そう簡単に「日本に帰る」とは言えなかったのです。

ためらっている私の心を察してなのか、クラウディアは持ち前の行動力を発揮し始めました。私を帰国させるために内緒で帰国同意書を作り、シベリア鉄道で片道十一時間かけてハバロフスクの日本総領事館に提出しに行ったのです。私が元気なうちに一日でも早く帰国させなければと必死だったのでしょう。

帰国が認められると、クラウディアは、

「これが私の信念ですから一日も早く帰ってください」

と私に言いました。そして、翌年三月の別れの日までに、私たちが飼っていた緬《めん》羊《よう》の羊毛を紡いで、徹夜で暖かいセーターやソックスを編み始めました。私への帰国のプレゼントとして贈るためです。

私が日本に帰国する前、クラウディアは私宛てに一編の詩を書きました。冒頭に掲げた詩がそれです。

クラウディアが詩の中でこう言っています。

「他人の不幸の上に私だけの幸福を築き上げることは、私にはどうしてもできません。

あなたが再び肉親の愛情に包まれて、祖国にいるという嬉しい思いで、私は生きていきます」

ここまで言ってくれるクラウディアに私はびっくりしました。と同時に、あらためてクラウディアの私に対する深い愛を知りました。

別れの日、私たちは一つの約束をしました。

「あなたは日本に帰って日本の土になり、私はロシアに残ってロシアの土になりましょう」

しかし、そう言うクラウディアの本心はどうであったのでしょうか。

これは後日談になりますが、クラウディアは二〇〇三（平成十五）年の十一月に日本を訪れて、久子と対面しました。

久子とクラウディアは会うなりお互いに抱き合いました。久子はクラウディアに、

「お父さんが生きて帰りました。ありがとう。ありがとう」

と何度も礼を言い、クラウディアもそれに大粒の涙を流して応えました。

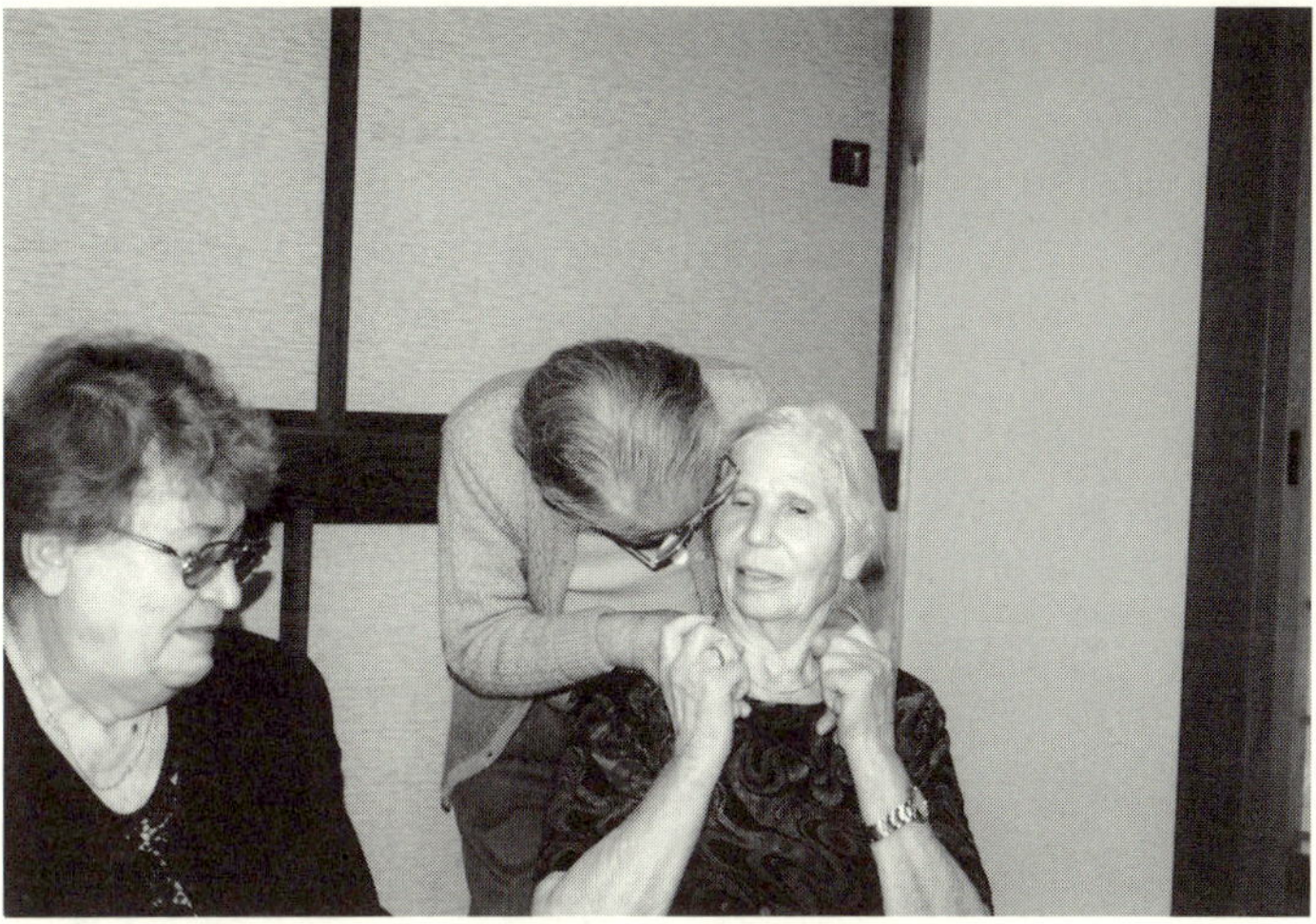
わが家を訪れたクラウディアに記念品の首飾りを贈る久子

滞在の日程を終えてロシアに帰るというとき、私は新潟の空港までクラウディアを見送りに行きました。私はそこから大阪国際（伊丹）空港に帰る予定でいたのですけれど、ハバロフスク行きの便と伊丹行きの便の出発時間がほとんど同じでした。それでエスカレーターのところで、

「じゃあ元気でね」

と言って握手を交わして別れることになりました。

そのときクラウディアは言いました。

「もうこれが最後ですね」

私も言いました。

「ああ、最後だろうね」

それから一瞬躊躇したのち、クラウディアは一言こう言ったのです。

「国際電話だけは絶たないで」

その瞬間、彼女の目からポロポロと涙がこぼれ落ちました。

クラウディアが自分のことで涙を流すのを、私はそのとき初めて見ました。私が日本の家族と幸福になるように、クラウディアは尽くしてくれました。それでもやはり、三十七年間お互いに励まし合い、いたわり合って暮らしてきた仲です。その思い出というものは簡単には断ち切れない。だから、

「国際電話の通話は高くつくかもしれないけれど」

と遠慮しながらも、

「それだけは絶たないでほしい」

と搾《しぼ》り出すように言ってポロポロポロッと涙をこぼしたのです。

彼女の気性をよく知っているだけに、なおさらその涙が私には重くのしかかってきました。

それが最後の言葉になりました。こらえていた涙が堰《せき》を切ってこぼれだして、あとは言葉になりませんでした。

誰かが言った、

別るるは易《やす》く、逢い難く、逢うは別れの始めぞと人は言へども、吾ながら哀れと人よ言えぞかし。

との言葉が身にしみました。

涙を流すクラウディアを見ていると、

「あなたたちの幸福が私の幸福だ」

という言葉は彼女の強気な面が言わせているのであって、実際は別れてしまったつらさがあるのだと今さらながらに感じました。

その涙を見たとき、天涯《てんがい》孤独のクラウディアをまた一人の孤独な生活に追いやってしまう私の運命を怨《うら》みました。彼女とここで別れようとする自分自身の無慈悲な気持ちに罪悪感を覚えました。

クラウディアと日本の家族のどちらが大切かと言われると私もつらいのです。どちらも愛しています。ただ、私の愛は祖国にあるので、どうしても祖国に重きを置いてしまう。ただそれだけです。二つに一つでどちらを選べるというものではありません。

クラウディアは私の命の恩人です。日本人として義理を忘れては終わりですから、私は毎週土曜日の朝の五時には必ずクラウディアに電話をします。その時間になると彼女は受話器を傍に置いて私からの電話を待っています。この約束だけは忘れずに果たさなくてはならない。それは私がクラウディアに果たすべき義理であり、また人情であると思います。

話すのはほんの三分か四分です。長話になると、

「電話代が高くなるから切りましょう」

と言って彼女のほうから電話を切ろうとします。

そしていつも、

「お互いにもう少し頑張りましょう」

「そうだな、頑張ろう」

という元気な挨拶で電話を切ります。

そういう会話ができるだけでも、彼女が生きていく糧にはなるのではないかと私は思っています。これが今、私がクラウディアにしてあげることのできるせめてもの感謝のしるしなのです。

ロシアと日本に離れ離れになってしまった私たちですが、私とクラウディアの気持ちは決して離れたりはしていません。私はそう確信しています。

第五章

帰 国

愛する祖国へ

【扉写真】妻と娘が守ってくれた「蜂谷」の門柱に涙して感謝する。

五十一年ぶりの再会

一九九七（平成九）年三月二十四日、私は夢にまで見た祖国の土を踏みました。久美子と孫がプログレス村まで迎えに来てくれ、日本で待つ久子のもとに連れ帰ってくれました。

五十一年ぶりに再会した久子は八十歳になっていました。私は久子と固く抱き合い、苦労をいたわりました。

娘たちが最初に私に会いに来るというとき、

「お父さんが早く帰れるように説得してくる」

と意気込む久美子に久子は言ったそうです。

「もしもお父さんに向こうで子供があったら、そのことは絶対に口にするんじゃないよ」

子供を父親から引き離すというのがどれほど残酷なことか、それを知っていた久子だからこその言葉だったのでしょう。

クラウディアが久子の気持ちを思いやったように、日本の妻もまた「もしロシアに子供がいれば……」と、自分が夫なしで子供を育ててきた苦しかった人生を思い、気遣ってくれたのです。まさに真珠のような言葉であったと私は思っています。

そう言えば、プログレス村での歓迎会のあとにこんな出来事がありました。

私の寝室に案内したとき、久美子はそこに自分の肖像写真が飾ってあるのを見つけたのです。

「どうして私の写真がお父さんのところにあるの」

びっくりしている久美子に私は言いました。

「これはおまえの形見だから」

カメラマンをしているとき、日本から届いた荷物の中にあったあの小さな写真を四つ切りの大きさに引き伸ばして、それを飾っておいたのです。そして毎年、娘の誕生日にはその写真の前にいろいろなものを供え、達者でいるだろうかと思いを馳せながらクラウディアと一緒に食事をしました。

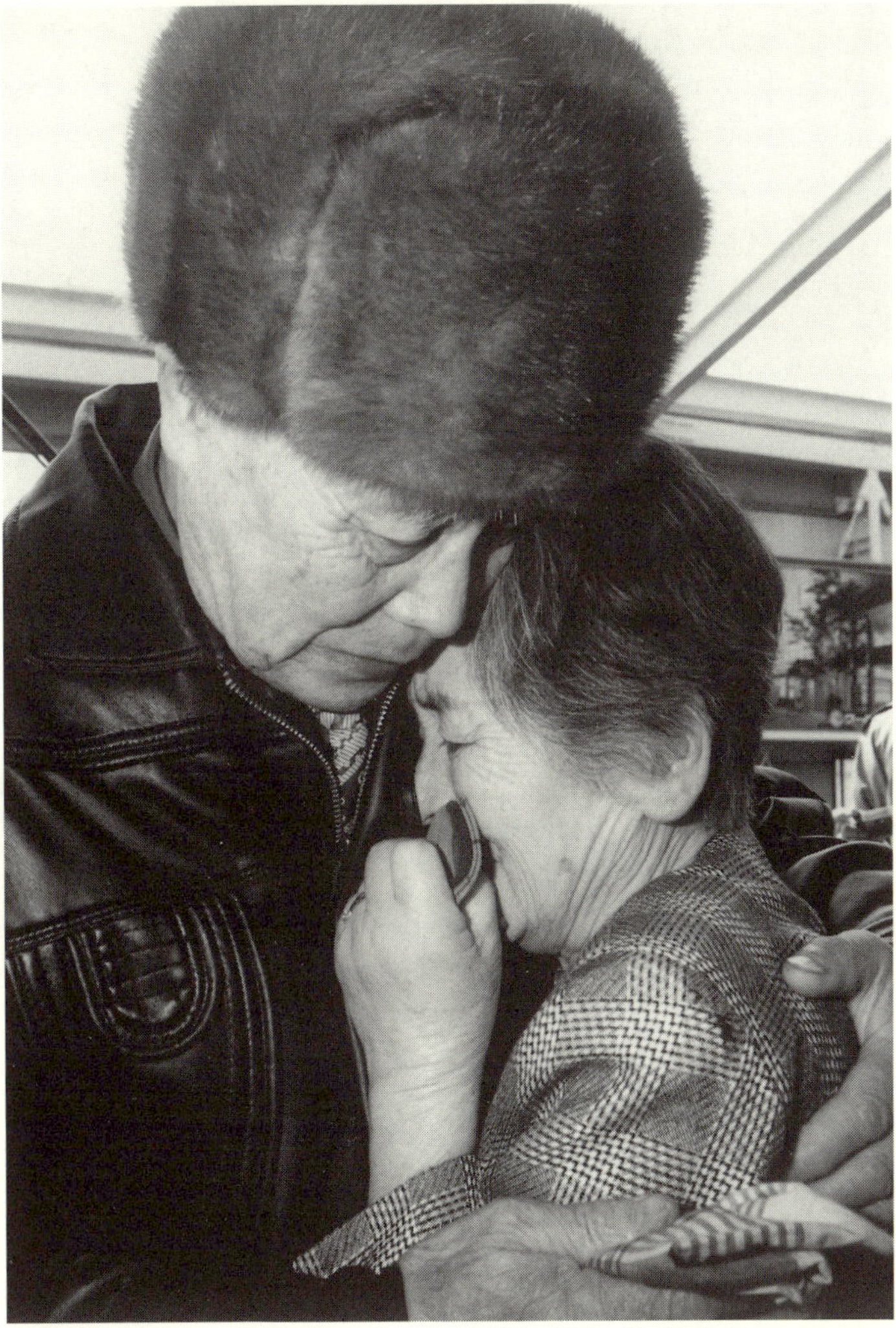

1997 年 3 月 25 日、妻久子と 51 年ぶりの感涙の再会（鳥取駅で）

久美子のことはいつも気がかりでした。私は美容室に来たお客さんに、

「あなたは何歳ですか？　何年生まれですか？」

とよく聞いたものです。

「どうして私の年を聞くのですか」

と言われると、こう答えました。

「私は娘とずっと前に別れたんです。それで、今どんなになっているかと見当をつけたいから聞くんですよ」

そう言うと、お客さんも快く、

「私は何年生まれです」

と教えてくれます。それが久美子の生まれた年と近ければ、ああ、娘もこんなになっているんだなあ、と想像していたのです。

私の気持ちはいつも母や妻や娘のいる祖国につながっていました。無事に暮らしているのだろうか、苦労しているのではないだろうか……。再婚のすすめの手紙は出したけれども、どうしたかな……と。

前にも述べましたが、私がいつも夢想していたのは、こっそり日本に帰って、久子は誰と再婚したのか、どういう生活をしているのか、遍路《へんろ》になって家の前に立ってでも確かめたいということでした。そういう気持ちをいつも持ち続けていました。久子とクラウディアの双方を私は愛しています。けれども、二人に対する愛は、私の心の中では少し形の違うもののように感じられます。半分半分に切って離さなければ語れないような感じです。

二人をともに愛していますが、かわいそう、気の毒だったという気持ちは久子のほうにより多くかかってきます。クラウディアについては、三十七年間一緒に苦楽をともにして、しかも、お互いに恐怖を共有しながら暮らしてきた。その恐怖の中でも私を必死にかばい、守ってくれた感謝の気持ちがより強いように思います。クラウディアの後ろ姿に手を合わせて、いつも「ありがとう」と私は感謝していました。それがクラウディアに対する私の正直な気持ちです。

しかし、いずれにしても言えるのは、この二人の存在が私の生きる糧になってきたということです。日本で久子と一緒に暮らしていても、ロシアにいるクラウディアのことを思わない日はありません。それはロシアでクラウディアと暮らしていたときに久子のことを決して忘れなかったことの裏返しです。

久子とクラウディア、どちらも私の人生にとってはかけがえのない女性です。この二人がいてくれたおかげで、私は今日こうして生きていられるのです。

感激の再会を果たした日、家に帰ってから久子は私に一冊の通帳を手渡しました。

「お父さん、これお父さんが帰ってきたときの当座の費用として貯金しておきました」

それを持つのに手が震えました。

私がソ連軍に連行されたあと、身の危険を感じた久子は幼児を伴い、必死で北朝鮮脱出を敢行したのです。そして生死不明の私の帰国を待ち続け、夫婦の絆である戸籍を守り通していてくれただけではなく、万が一にも私が帰国したときに備えて、爪に火をともすようにしてこつこつと私名義の貯金までしてくれていたのです。この半世紀、一万八千有余日をどんな思いで待ち続けてくれたのか。実に蜃気楼《しんきろう》を手でつかむような気持ちだったに違いありません。

そして、その血の滲むようなお金で、今ささやかな隠居部屋を建てて、私たちは夫婦の生活を営んでいます。労《いたわ》り慰《なぐさ》め合う老夫婦の生活です。誰のやっかいにもならずに、久子は日常の私の身の回りのことに細々《こまごま》と尽くしてくれています。その健気《けなげ》さに私はどう報いるべきか、年老いた妻久子をこの世の至宝珠玉《しほうしゅぎょく》として両手で支えています。一日一日の暮らしが私にとってはとてもありがたく感じられてなりません。

私には年金も何もありませんから、妻の年金で養われている状態です。男としては恥ずかしい限りなのですが、今日まで私を一途に待っていてくれた妻に対して私は堂々と生きていかなければならないと思っています。妻にそれだけの恩を返さなくてはいけないと思います。

久子は極度の難聴になり、また変形関節炎にかかって歩くのにとても苦労をしています。もう治る見込みはありません。ですから、痛みが少しでも軽くなるようにロシアで覚えた指圧やマッサージをしてやったり、車椅子に乗せて散歩に出かけたり、町営の温泉に連れていったりしています。家の掃除や洗濯も私の務めです。

「お父さん、ありがとう。なんとか今日も生きていかれます」

「こんなにしてもらって罰《ばち》が当たるんじゃないかな」

久子はそんなことを言っていますが、私をずっと待ち続け、娘をしっかり育て上げてくれたことへのせめてもの恩返しだと思っています。

こんな久子の愛とともに、ロシア人女性クラウディアの国境を遥かに超えた奇跡的な愛に包まれた今日の私の命の尊さを思うとき、この世の幾数百万の富でさえ決して及ばない心の宝石を享《う》けた私は至上の幸せ者だと思っています。

久子へ感謝を込めて

家族というものは本当にかけがえのないものです。

思い起こせば、父が母と妹を連れていくのを見過ごせず、私は断腸の思いで市役所を辞め、久子とともに朝鮮に渡ったのでした。久子も本心では行きたくなかったでしょう。でも、私が行くというので不平も言わずについてきた。それも久子なりの愛情の表現だったのでしょう。

「あなたは行くなら行きなさい。私は残ります」

と普通の女性なら言ったかもしれません。

でも久子は、

「どんな苦労があってもついていきます」

と私を励ますように言って、結果的に大変な苦労を背負ってしまったわけです。それが私たちに与えられた運命だったのかもしれません。運命は自分でどうすることもできません。こうしてここを変えようというわけにはいかない。

ですから私は一時期、

「ソ連で囚人として死んでしまう。これも運命だ」

と諦めていました。ところが、あるとき理髪師の技術があれば生き抜くことができるのではないかと思った。そしてとにかく生き抜いていれば、もしかしたら祖国にたどり着けるのではないかと考えた。その針の穴のようなかすかな望みを暗闇のトンネルの中で探し求めながら生きてきたのが私の人生でした。

その体験から、私は運命というのは切り拓《ひら》くものではなく、期待することが大事なのだと思っています。「もしかしたら……」と期待する。期待して、諦めない。そういう気持ちで生き抜いていたら、その「もしかしたら」が現実となったのです。ソ連が崩壊し、家族と連絡がついて、日本に帰ってくることができたのです。

日本に帰ってから私には一つの心配事がありました。それは、国籍がどうなるのかということです。ロシアの国籍を返納して日本の国籍をまた受けることができるのだろうか。それが何よりも心配でした。しかし、その心配は杞憂《きゆう》に終わりました。法務局から「日本国籍を有する者と認定する」との通知があり、簡単に問題は解決してしまいました。

そして問題がすんなりと片づいたのは、久子が常人以上の愛情でもって戸籍を夫婦のまま守ってきてくれたおかげなのです。

シベリアで三年捕虜になっていて、帰ってきたら奥さんが結婚していたという例はたくさんあります。でも、久子はそうはしませんでした。

51 年間、戸籍を守り続けてくれた妻・久子とともに

前にもお話ししたように、縁談の仲立ちをしようという人がたくさん来たそうです。しかし、久子はそのたびに、

「何を言ってるの。私には夫がありますよ。戸籍もちゃんと夫婦になっているし、今さら再婚なんて何を考えてるの。私はそんなことは考えていません」

と断ってしまいました。そのおかげで、私は再び日本に永住できることになったのです。

それだけをとっても久子には感謝しなくてはなりません。

あるとき久子が聞きました。

「あなた、恥ずかしくないの？　私を

介護車であちこち連れていってくれるのは」

私は答えました。

「恥ずかしいということはない。ありがたいと思っている。おまえをあちこち連れていくということができるのも、近くの景色を見に行ったりすることができるのも、ありがたいことじゃないか」

そして、それができることに感謝しながら生きていこうと私は思うのです。二人とも高齢になっていますから、やがては死が訪れるでしょう。それは寿命だからやむを得ない。しかし、生かされている間は感謝の気持ちを忘れずにいたい。そう思っているのです。

回復された名誉

ここまでお話ししてきましたように、私は朝鮮に赴任中に日本の敗戦に遭遇し、身に覚えのないスパイ容疑でソ連軍に連行されました。以来半世紀もの間、家族と離れ離れにさせられ、見ず知らずの場所に留め置かれることになりました。その間には、厳しい取り調べがあり、命を奪われんばかりの拷問《ごうもん》を体験し、挙げ句は十年の刑を科されて極寒のシベリアにある強制労働収容所送りとなりました。そこで誠心誠意働いて三年の減刑を稼ぎ、七年間を過ごしたのちに出所しました。

しかし、刑を終え、ある程度の自由が保障されるようになってからも、常に監視の目を感じながら生きていました。絶望と孤独にさいなまれ、幾度となく死を覚悟したこともあります。

ラーゲリに収監されていたころ、私はほとんど死と隣り合わせにいました。生と死のギリギリの淵に、いわば極限の状況に陥っていたと思います。体の具合が悪くて作業に出られずに厳しく叱責されたことは話しましたが、ソ連では、特に政治犯の労働拒否（サボタージュ）には体罰が科せられます。ホロードヌイカーメラ（冷たい部屋）と呼ばれる懲罰《ちょうばつ》監房に入れられるのです。私にもあの独房に一週間入れられた経験があります。狭い、暗い、寒い、ちょうど墓穴のようなところに押し込められ、私はただ放心状態でした。本能的に呼吸をするだけで、呼吸が止まればすべてが終わる。それがすべてで思考力さえなくなってしまいます。娑婆《しゃば》のことを思えるのはまだ生きる力があるからです。人間、あのような極地にまで追いつめられると神様も仏様も何もありません。心はすっかり乾ききって、ただ死を待つだけしかできません。

目を閉じて瞑想にふけると、ときどき母や妻の面影《おもかげ》が他人のように通り過ぎていきました。生まれたばかりの乳飲み子の娘の久美子の顔がスーッと行き過ぎたりしました。涙は一滴も出ません。ため息も何も出ません。ただ目前にある刹那《せつな》刹那の出来事を切り抜けていくことがすべてでした。神様や仏様を思う心の余裕もありませんでした。

私は無神論者ではありませんが、宗教心というものは多少なりとも精神が安定し、生活状態が人間的になったときに出るものなのかもしれません。あのラーゲリでの体験は、それとは全く異次元のものであったと思います。あまりにも現実が苛酷であったため、救いを求めるという行為そのものが考えの外にありました。ただ、その現実、その刹那を切り抜けることしか考えられませんでした。

四十日間の独房生活も体験しました。独房には板が敷いてあって、トイレ代わりの桶が置いてあるだけで、ほかには何もありません。窓もなく、外の風景も誰かの顔も見ることはできません。ここで死んでしまいたいと思いました。けれども、もしかしたら生きることができるかもしれないという、欲というのか、希望というのか、何と表現すればよいかわからないのですが、あえて言えば生に対する本能的な執着だけで生きていたのです。

そのときに神や仏は信じられませんでした。私は何も悪いことはしていない。それなのになぜこんな目に遭うのか。神や仏を信じたところでソ連は私をスパイだと決めつけているのですから、現実にはどうにもならないのです。

取り調べは刑が明けてからもソ連が崩壊するまで続きました。私が答えるのはいつも同じ内容です。もし間違った答えをしてしまったら、そこで私は破滅してしまう。ですから、同じ答えを同じように繰り返していく。それを半世紀、押し通してきました。

私が刑を認めないままソ連が崩壊すると、今度は私はソ連の政治的弾圧の犠牲者

13

ПРОКУРАТУРА РФ
ВОЕННЫЙ ПРОКУРОР
КРАСНОЗНАМЕННОГО
ДАЛЬНЕВОСТОЧНОГО
ВОЕННОГО ОКРУГА

«23» июня 1998 г.

№ 39/6-

Город Хабаровск, 680030

Исп. вход. № ________

Справка
о реабилитации

Настоящим документом подтверждается, что гражданин Японии Хачия Ясабуро, родившийся в 1917 году в городе Кусаци Япония, работавший в частной часовой мастерской и проживавший в городе Хэйдзио Северная Корея, арестован 9 августа 1946 года по подозрению в проведении разведывательной деятельности против СССР в 1945-1946 годах и 19 декабря 1946 года военным трибуналом 25 армии осужден к 10 годам лишения свободы.

18 июня 1998 года военной прокуратурой ДВО на основании п.а ст. 3 Закона Российской Федерации от 18 октября 1991 года " О реабилитации жертв политических репрессий " Хачия Ясабуро признан реабилитированным.

Документ о реабилитации подлежит вручению Хачия Ясабуро или его родственникам.

Генерал-майор юстиции

И.Д. Крылов

При ответе ссылайтесь на наш номер и дату

1998年7月23日ロシア連邦検察庁が発行した『名誉回復についての証明』

にされました。そのとき検察官は私に向かってこう言いました。
「ああ、かわいそうに。気の毒だった。四十五年の間どれだけ川に水が流れたでしょう」

そして民主社会への移行に伴って、やっと私の無実が確定しました。それは私の帰国後の話です。一九九八（平成十）年七月二十三日付けで、ロシア連邦極東軍軍事検察庁は、同連邦の法律（一九九一年十月十八日発令）の政治的弾圧犠牲者名誉回復条例第三条に基づき、犠牲者の名誉回復を認め、法務中将キリーロフが署名をして私の無実を証明し、名誉回復証明書を発行したのです。

五十年以上も抑留しておいて「無実だった」「気の毒だった」と言われても……という複雑な気持ちはあります。略奪された青年壮年時代は返ってはこないのだ、と叫びたい気持ちもあります。しかし、私にはそれを怨む気持ちは全くありません。ただ思い出すのは、裁判が終わったあとで拳銃を突きつけられてサインを強要されたときの銃口の冷たさです。それだけが今でも蘇ってきます。

ソ連にいるとき、よく考えたものです。なぜ私だけがこんなに苦しまなくてはならないのか。もしかしたら、私という人間の前世にこれだけの苦しみを受けなければならないようなことがあったのではないか、と。それが私にこの世で与えられた運命なら、私はこれに耐えなければならないと思いました。

しかし、それが私の運命だとしても、もしかしたら長い長い真っ暗な出口の見えないトンネルの中にも、針の穴のような小さな望みの光があるのではないかと諦めずに生きてきたのです。ソ連国籍を受けるときには、水のようになって生きていこうと思いました。水は入れ物の形に従っていろいろな形に姿を変えます。あるいは流れる場所に応じて自分の流れる道を探し求めていきます。そのようにして私も生きるしかない。そう決心しました。

直面する自分の進路、生きていく道に何も反抗せずに、すべてをそのまま受け入れて生きていこう。もしかしたらいつか日本に帰れる日が来るかもしれない。それだけを目当てに生きてきました。罪が晴れて無実が証明されたとき、今さら何を、という空しさを感じたことを私は正直に申し上げます。そのときの気持ちを「慟哭《どうこく》の歌」と名づけた三篇の歌に詠みました。

スパイ容疑　罪無き証《あかし》　受けし今
　いずこに棄てむ　五十年《いそとせ》の苦汁

い泣けくも　言うが如くに　渡されし
　名誉回復　八十路《やそじ》の生活《たつき》に

スパイ容疑　証《あか》す術なき　五十年《いそとせ》に
　涸《か》れし涙の　今はいとほし

私の悔しさ、空しさを感じていただけるでしょうか。
しかし、繰り返し言いたいのは、私が自分の人生を後悔しているわけではないということです。苦難に満ちた人生ではありましたが、今ではそれもありがたいと思っています。他人様《ひと》の苦しみを苦しみと思えるようになっただけでも、ありがたい。他人様の痛みを自分の痛みとして感じられるようになったことをありがたく思います。

これだけの深刻な道を歩いてこなかったら、あるいはもし父親の事業が成功していて何の苦労も知らずに生きてきたならば、私は他人の苦しみを理解できないまま生きていたかもしれません。そういう人生にどれほどの価値があったかと思うのです。

苦難の人生であったからこそ、他人様の苦しみや悲しみがわかるようになったのです。そんな運命を与えられたことに私は感謝したいと思うのです。

祖国へのご恩返し

私が今日生きて日本の地に戻ってくることができたのは、母、妻、娘たちへの尽きることのない思いがあったからだと思っています。それからまた、ソ連で知り合い、苦労をしながらもともに助け合って生きることになったクラウディアとの出逢いのおかげでもありました。そして何よりも、決して断ち切ることのできなかった祖国への望郷の念が私を支えてくれました。

私は最近、自分にもたらされた二つの「恵み」について考えました。一つは日本に生を享けたという大きな恵みです。そしてもう一つは大海のような広い心で私をかばい、愛してくれた二人の女性と出逢った恵み。この二つの恵みがあったから、私はこうして生きてこられたのだと思います。

授かった愛と授かった恵みについてはお返しをしなくてはなりません。クラウディアへの国際電話や久子の介護は私にできる小さなお返しです。

では、祖国日本から受けた恵みへのお返しとして何ができるのか。私はそう考えて「新しい歴史教科書をつくる会」に入り、今、日本の歴史を正しく伝えていくために働かせていただこうと努めています。

私と同年輩の知人が、

「蜂谷さん、年寄りのくせにいろんな会に入るのはいいかげんにやめて余生を楽しめ」

と言いますが、今の日本を見ていると将来が怖くてしかたがないのです。年寄りだからこそ、やらなくてはならないことがあるのではないかと思うのです。おれたちが死んでしまえば日本はどうなってもいい、若い人たちはどうでもいい、というわけにはいきません。本当の歴史を伝えて、今後の日本をちゃんと考えていかなくてはならない。それは私の責務であると感じています。

「うす墨ひける四方の山　くれないに匂う横がすみ」——病院船で満洲から広島に帰ってきたときに海の上から見た景色、あれが私の祖国なのです。祖国とは親と同じで、かけがえのないものです。その祖国を守り、次の世代にきちんと引き渡していくことが私の役割だと思います。

私はソ連に自分の意思とはかかわりなく連行されて、半世紀という長い歳月を棒に振ってしまいました。その間、日本は大きく発展しました。日本に帰り着いて見た風景に私は感激しました。戦後の焼け野原からここまで来たのは、耐えて耐えて耐え難い苦しい時代を生き抜いてくださった多くの方々の努力があったればこそと思います。その皆様のご苦労に対して心から感謝するとともに、そこに参加できなかったことを私はお詫びしなくてはいけません。

祖国から受けた恵み、受けた恩に対しては、やはりお応えしなければならない。大きな借りを抱えたまま、あの世に行くわけにはいかないのです。

そのためにも、生きて、この祖国の土の上に自分の足で立ち、今日を迎えたというこの大きな感激、この大きな喜び、言葉では言い表せない感謝の気持ちをなんとかして若い世代の人たちに伝えていきたい。

そしてまた命の尊さというものについて知らせていきたい。

それがこの日本の再建のために一本の杭も打ち込むことができなかった私の、せめてものご恩返しであると考えているのです。

あとがき

今回、私の講演録を元に、私の初めての単独著書を致知出版社から出していただくことになりました。

この半世紀以上、数奇な体験を致し、一九九七（平成九）年、五十六年ぶりに日本に帰国致しました。マスコミからの取材も数多くあり、私の体験が世の中の何かのお役に立つのならと快く取材も受けました。

平成十五年春、一冊の本『クラウディア最後の手紙』が「蜂谷彌三郎著」として世に出ました。私は取材を受けましたが、この本の原稿を一行も書いておりません。昔の教育を受けたままで半世紀を過ぎて、祖国日本へ生還できた私は読者の方々を欺《あざむ》くことなどできないと苦しみ、すぐに発売を中止していただくようお願いしましたが、残念ながら一部は皆様のお手元に届いたものもあると聞き、心を痛めました。

現在は発売されておりませんが、平成十七年になって「『クラウディア最後の手紙』は、私が企画、構成から執筆まで行った」と自著で告白してくださった方があり、溜飲《りゅういん》が下がる思いが致しました。

このようなこともあり、是非自分の体験は自分の手で書き残しておきたいと思い、致知出版社の藤尾秀昭社長にご相談し、今回の出版が実現致しました。

三時間にも及ぶ講演の記録から体験をまとめるにあたって、最後まで苦労をともにしてくださいました編集部の皆様、御指導をいただきました藤尾秀昭社長、専務取締役編集部長柳澤まり子様、致知出版社の方々に心より感謝申し上げます。

なお、クラウディアに関する著書では、遠くロシアまで取材に行き、ロシア、日本の双方を丹念に取材発表してくださった『クラウディア奇蹟の愛』（村尾靖子著・海拓舎）があります。今回の私の著書とあわせてお読みいただければ幸甚《こうじん》と存じます。

今日まで多方面にわたりご援助、応援くださいました多くの方々に、言葉では言い尽くせない感謝と御礼を申し上げます。

蜂谷 彌三郎

《補稿》父・彌三郎について思うこと

父・彌三郎はロシアからの帰国後、自らの体験を語るべく精力的に各団体や中学・高校などへ講演に出かけていました。しかし、母・久子が亡くなってからは、自らの視力障害もあり、自宅で過ごすことが多くなりました。九十四歳になった現在は、身の回りの世話を娘の私に任せ、デイサービスを利用しながら日々を送っています。

今回、出版にあたり原稿を再読して、父の日本を愛する気持ちがいかに強かったか、親や妻子への思いがいかに深かったかを改めて知りました。私は物心ついたときから母と二人暮らしでした。母は私に父が連行されたときの様子や病気がちであったことなどを話してくれましたが、それ以上の詳しい話はしてくれませんでした。ただ、母は父が必ず帰ってくると信じて疑っていませんでした。その日まで親子二人で生き抜くために、保健婦の資格をとり、一所懸命私を育ててくれました。父の消息がわかる少し前、ちょうど八十歳のころに、母は「私が死んだらお父さんの戸籍も抹消して一緒に葬式を出してほしい」と私に告げていました。さすがの母もソ連に連行されて五十年間も消息不明の父がまだ生きているとは思わなかったのかもしれません。それだけに、父が無事であるとわかったときは飛び上がらんばかりの喜びようでした。

そして父の帰国後は、隠居宅で二人で家事をしながら結婚前の思い出話に花を咲かせ、また離れ離れになった五十年の間の出来事を語り合っていました。

二人に別れが訪れたのは二〇〇七年五月二十六日のことでした。昼食を二人でとったあと、母は急に寒けを訴え、だんだん意識がなくなっていったとのことです。父は自分の腕に母を抱きかかえて温め続けたそうですが、その甲斐もなく、母は息を引き取りました。虚血性心不全でした。

「お父さんはやっぱり温かいね」

母が最期に残した言葉からは、二人がお互いを信じ、愛し合っていたことが感じられました。引き裂かれた日々の長さに比べると二人で一緒に過ごした時間は短いものでしたが、その一日一日はとても穏やかで愛に溢《あふ》れ、幸せそうでした。

一方、クラウディアさんとは、父の帰国後も文通を続け、お互いの近況報告をしあっていました。日本にも三回ほど来日して、無事を確認しあいました。九十二歳になった今もお元気で、ときどき父に国際電話をかけてきては、「お互い命のある限り生き抜こう」と励まし合っています。

それにしてもなんと過酷な人生を生きてきたことかと思います。運命に翻弄《ほんろう》されたというにふさわしい一生であったように思います。しかし、そんな中でも知恵と根性を振り絞って生き抜いてきた父を私は心から尊敬しています。

本書の元となる原稿は二〇〇五（平成十七）年に書かれました。しかし当時、諸般の事情で出版には至りませんでした。このほどようやく状況が整い、致知出版社より本書が刊行される運びとなったことを、娘として大変嬉しく思っています。父が生きた証しでもある本書が多くの人のお目に触れることを願ってやみません。

二〇一二年十月

蜂谷　久美子

〈著者略歴〉

蜂谷彌三郎（はちや・やさぶろう）
大正7年滋賀県生まれ。昭和16年に家族と朝鮮半島に渡り陸軍兵器製造所検査員として従事。敗戦の翌年、身に覚えのないスパイ容疑でソ連に連行され、7年間シベリアでの強制労働を強いられる。刑期を終えた後も帰国は許されず、厳しい監視のもとで理髪師や美容師などの仕事をしながら生活。現地でロシア人のクラウディア・レオニードブナさんと結婚。ソ連崩壊後の平成8年に日本の家族の無事が判明、翌年帰国した。

望郷

平成二十四年十月三十一日第一刷発行

著者　蜂谷　彌三郎
発行者　藤尾　秀昭
発行所　致知出版社
〒150-0001東京都渋谷区神宮前四の二十四の九
TEL（〇三）三七九六―二一一一
印刷　㈱ディグ　製本　難波製本
落丁・乱丁はお取替え致します。　（検印廃止）

ISBN978-4-88474-977-4 C0095
ホームページ　http://www.chichi.co.jp
Eメール　books@chichi.co.jp

人間学シリーズ

書名	著者	内容	定価／税込
修身教授録	森信三 著	国民教育の師父・森信三先生が大阪天王寺師範学校の生徒たちに、生きるための原理原則を説いた講義録。	2,415円
家庭教育の心得21 母親のための人間学	森信三 著	森信三先生が教えるわが子の育て方、しつけの仕方。20万もの家庭を変えた伝説の家庭教育論。	1,365円
人生論としての読書論	森信三 著	幻の「読書論」が復刻！人生における読書の意義から、傍線の引き方まで本を読む、全ての人必読の一冊。	1,680円
現代の覚者たち	森信三・他 著	体験を深めていく過程で哲学的叡智に達した、現代の覚者七人（森信三、平澤興、関牧翁、鈴木真一、三宅廉、坂村真民、松野幸吉）の生き方。	1,470円
生きよう今日も喜んで	平澤興 著	今が楽しい。今がありがたい。今が喜びである。それが習慣となり、天性となるような生き方とは。	1,050円
人物を創る人間学	伊與田覺 著	95歳、安岡正篤師の高弟が、心を弾ませ平易に説いた『大学』『小学』『論語』『易経』。中国古典はこの一冊からはじめる。	1,890円
日本人の気概	中條高徳 著	今ある日本人の生き方を問い直す。幾多の試練を乗り越えてきた日本人の素晴らしさを伝える、感動の一冊！	1,470円
日本のこころの教育	境野勝悟 著	「日本のこころ」ってそういうことだったのか！熱弁二時間。高校生七百人が声ひとつ立てず聞き入った講演録。	1,260円
語り継ぎたい美しい日本人の物語	占部賢志 著	子供たちが目を輝かせる、「私たちの国にはこんなに素晴らしい人たちがいた」という史実。日本人の誇りを得られる一冊。	1,470円
安岡正篤 心に残る言葉	藤尾秀昭 著	安岡師の残された言葉を中心に、安岡教学の神髄に迫る一書。講演録のため読みやすく、安岡教学の手引書としておすすめです。	1,260円